I0567767

BESTACTIVITYBOOKS.COM

PRIMEIRA EDIÇÃO - 2022

Ilustración gráfica adicional: www.freepik.com
Graças a Alekksall, Starline, Pch.vector, Rawpixel.com, Vectorpocket, Dgim-studio, Upklyak, Macrovector, Stockgiu, Pikisuperstar & Freepik.com Designers

5 DICAS PARA COMEÇAR

1) CÓMO RESOLVER LAS SOPA DE LETRAS

Os puzzles têm um formato clássico:

- As palavras estão escondidas sem espaços ou hífenes,...
- Orientação: As palavras podem ser escritas para a frente, para trás, para cima, para baixo ou na diagonal (podem ser invertidas).
- As palavras podem sobrepor-se ou intersectar-se.

2) APRENDIZAGEM ACTIVA

Ao lado de cada palavra há um espaço para anotar a tradução. Para encorajar a aprendizagem activa, um **DICIONÁRIO** no final desta edição permitir-lhe-á verificar e expandir os seus conhecimentos. Procure e anote as traduções, encontre-as no puzzle e adicione-as ao seu vocabulário!

3) MARCAR AS PALAVRAS

Pode inventar o seu próprio sistema de marcação - talvez já use um? Pode também, por exemplo, marcar palavras difíceis de encontrar com uma cruz, palavras favoritas com uma estrela, palavras novas com um triângulo, palavras raras com um diamante, e assim por diante.

4) ESTRUTURANDO A APRENDIZAGEM

Esta edição oferece um **CADERNO DE NOTAS** prático no final do livro. Nas férias, em viagem ou em casa, pode facilmente organizar os seus novos conhecimentos sem a necessidade de um segundo caderno!

5) JÁ TERMINOU TODAS AS GRELHAS?

Nas últimas páginas deste livro, na secção **DESAFIO FINAL**, encontrará um jogo gratuito!

Rápido e fácil! Consulte a nossa colecção de livros de actividades para o seu próximo momento de diversão e **aprendizagem**, a apenas um clique de distância!

Encontre o seu próximo desafio em:

BestActivityBooks.com/MeuProximoLivro

Aos vossos lugares, preparem-se...Vão!

Sabia que existem cerca de 7.000 línguas diferentes no mundo? As palavras são preciosas.

Adoramos línguas e temos trabalhado arduamente para criar livros da mais alta qualidade para si. Os nossos ingredientes?

Uma selecção de tópicos adequados à aprendizagem, três boas porções de entretenimento, e depois acrescentamos uma colherada de palavras difíceis e uma pitada de palavras raras. Servimo-los com amor e máximo divertimento, para que possa resolver os melhores jogos de palavras e se divirta a aprender!

A sua opinião é essencial. Pode participar activamente no sucesso deste livro, deixando-nos um comentário. Gostaríamos de saber o que mais lhe agradou nesta edição.

Aqui está um link rápido para a sua página de encomendas:

BestBooksActivity.com/Avaliacoes50

Obrigado pela vossa ajuda e divirtam-se!

A Equipa Inteira

1 - Dirigindo

Л	Е	Н	Ю	Ш	Г	Ж	А	Р	А	Г	Л	П	П	Д	П
П	Р	Ф	Ш	У	В	Р	В	Я	Ґ	Г	Ч	Н	Ю	Д	Є
Е	П	Є	Я	И	У	Д	Т	С	П	М	О	Т	О	Р	О
К	Ж	Г	М	М	Л	Щ	О	К	А	Ж	И	Р	А	І	Б
Н	А	Л	Г	Ґ	И	А	М	Ь	Л	А	Г	Ґ	О	Ш	Е
Е	Б	Р	Ґ	Ф	Ц	Ш	О	Д	И	У	Ч	Ж	І	Д	Р
Б	П	К	Т	Е	Я	К	Б	Р	В	Е	А	І	Ч	М	Е
Е	Я	І	Р	А	В	А	І	Ч	О	Ц	Ґ	Л	Г	Ю	Ж
З	І	Ф	О	Р	И	Ц	Л	Б	Е	З	П	Е	К	А	Н
П	З	А	П	Ц	Ю	І	Ь	М	І	Є	А	О	П	Ч	І
Е	Н	Р	С	П	І	Ш	О	Х	І	Д	Ь	Г	О	Щ	С
К	Е	Т	Н	М	О	Т	О	Ц	И	К	Л	К	Л	Х	Т
А	Ц	Ґ	А	А	Я	Ц	К	Ґ	В	Д	Е	Р	І	Т	Ь
Ґ	І	Д	Р	Е	Я	Н	А	Ш	Р	Б	Н	Д	Ц	Т	А
С	Л	К	Т	Л	Д	Д	К	М	Ч	А	У	И	І	Ю	Ґ
М	Е	Г	А	Ч	Г	Л	Р	Я	Т	Ц	Т	Ю	Я	У	Т

АВАРІЯ
АВТОМОБІЛЬ
ПАЛИВО
ОБЕРЕЖНІСТЬ
ДОРОГА
ГАЛЬМА
ГАРАЖ
ГАЗ
ЛІЦЕНЗІЯ
КАРТА
МОТОЦИКЛ
МОТОР
ПІШОХІД
НЕБЕЗПЕКА
ПОЛІЦІЯ
ВУЛИЦЯ
БЕЗПЕКА
ТРАНСПОРТ
ТРАФІК
ТУНЕЛЬ

2 - Antiguidades

Н	Е	З	В	И	Ч	А	Й	Н	І	Р	Е	Е	Е	С	Я
Х	Ш	Я	К	І	С	Т	Ь	Ґ	Ш	Н	С	Н	Л	К	Ш
М	И	С	Т	Е	Ц	Т	В	О	А	Ч	П	Т	Е	У	Ю
Ш	Ц	Д	Б	Е	Ґ	Н	Л	Г	Є	Є	Р	У	Г	Л	Я
Т	Б	М	В	Й	Ь	Ж	Л	І	В	Т	А	З	А	Ь	Ю
П	Я	У	Н	И	Ь	Л	К	Ґ	Ж	Ї	В	І	Н	П	Х
Д	Е	К	О	Р	А	Т	И	В	Н	І	Ж	А	Т	Т	Ь
О	Р	В	І	А	О	К	І	Т	Е	Ц	Н	С	Н	У	Ь
Д	Е	Д	Ц	Т	К	Н	Д	О	С	И	І	Т	И	Р	Т
Б	Л	Ч	К	С	Ґ	У	И	Г	Ґ	Т	М	О	Й	А	С
Я	А	В	У	І	К	П	Ц	Б	Р	С	М	Е	Б	Л	І
Н	Г	Ц	А	Щ	Ь	К	І	Р	Д	Е	Д	Е	Т	Т	Н
М	О	Н	Е	Т	И	К	Н	К	А	В	Н	Т	Е	О	Н
О	Я	Р	І	Г	Ю	Ч	А	Е	Ь	Н	В	Ж	С	Ч	І
Ж	І	С	Р	Ц	П	Ж	Я	Т	Т	І	Л	О	Т	С	Ц
Р	Е	С	Т	А	В	Р	А	Ц	І	Я	У	Ч	Д	О	К

МИСТЕЦТВО
СПРАВЖНІМ
ДЕКОРАТИВНІ
ЕЛЕГАНТНИЙ
ЕНТУЗІАСТ
СКУЛЬПТУРА
СТИЛЬ
ГАЛЕРЕЯ
НЕЗВИЧАЙНІ
ІНВЕСТИЦІЇ

ПУНКТ
АУКЦІОН
МЕБЛІ
МОНЕТИ
ЦІНА
ЯКІСТЬ
РЕСТАВРАЦІЯ
СТОЛІТТЯ
ЦІННІСТЬ
СТАРИЙ

3 - Churrascos

Е	Б	Р	Д	П	Х	И	П	У	Ф	Є	У	К	П	Г	Ш
Ч	Є	Д	Ь	Щ	К	У	О	Г	Л	К	А	О	Ч	О	Ч
Ь	З	Є	И	Ш	М	О	М	А	О	С	У	О	С	Л	Щ
Б	А	К	И	З	У	М	І	Х	Ф	Л	Н	Р	У	І	Р
Я	П	Ж	М	Р	Ж	Х	Д	Н	И	Р	О	О	К	А	Б
Р	Р	Н	О	Ж	І	Ґ	О	Г	И	Т	У	Д	Б	А	Ж
П	О	Д	Т	Т	К	У	Р	Ф	Р	О	Д	И	Н	А	Є
Ю	Ш	С	І	Л	Ь	Щ	И	Г	Б	Ж	Е	Н	М	Ф	Б
Ш	Е	Ш	Л	П	У	А	Ь	Ь	Р	Щ	К	Ю	Ґ	С	Ю
Л	Н	Ж	В	Щ	Ь	К	Ц	И	Р	И	Т	А	Л	А	С
Л	Н	Г	А	Р	Я	Ч	Е	Ь	Я	Я	Л	Щ	Б	Ц	К
Ґ	Я	Х	П	Л	Р	Ч	Р	Є	Є	Ф	О	Ь	Ш	Я	Я
Ф	Е	Л	П	Ф	Е	Н	Е	В	І	Є	Щ	Н	Ж	Ф	М
Р	Ц	О	Е	Ф	Ч	Є	П	В	В	Е	Є	О	Л	Щ	Н
О	Б	І	Д	Ґ	Е	Х	Д	І	Т	И	О	В	О	Ч	І
Е	А	С	Р	В	В	Ч	І	Ш	К	І	Г	Р	И	Ю	Є

ОБІД
ЗАПРОШЕННЯ
ДІТИ
НОЖІ
РОДИНА
ГОЛОД
КУРКА
ФРУКТ
ГРИЛЬ
ВЕЧЕРЯ
ІГРИ
ОВОЧІ
СОУС
МУЗИКА
ПЕРЕЦЬ
ГАРЯЧЕ
СІЛЬ
САЛАТИ
ПОМІДОРИ
ЛІТО

4 - Pesca

М	Е	І	П	Т	Н	Т	Я	Ь	В	Е	К	Е	О	Г	Ф
К	К	К	В	Е	Е	Ш	С	Ю	А	Т	Х	Б	Б	Н	Г
І	П	Н	О	Т	Р	Р	Н	Р	І	Ч	К	А	Л	Р	Р
К	Л	Ц	Д	А	А	Е	П	Д	И	Ґ	А	Р	А	І	У
И	Я	К	А	У	Х	У	Б	І	Р	Е	Г	Б	Д	Б	Л
Ш	Ж	Х	Н	Ч	У	Л	Я	І	Н	І	Х	Я	Н	Г	П
О	З	Е	Р	О	К	Є	П	Ж	Л	Н	Т	З	А	Н	Р
К	К	А	У	Х	Ф	Н	Є	Ж	Р	Ь	Я	Х	Н	Х	И
Ф	Щ	С	Е	Т	Б	П	А	І	Н	В	Ш	Ю	Н	Ю	Н
Щ	Е	Л	Е	П	А	Ч	Ґ	О	Щ	Я	Г	Е	Я	Ф	А
И	І	В	Е	К	Ц	О	Е	Х	Ц	И	Ф	Г	Н	Ь	Д
В	К	Д	Г	Ж	Є	В	О	К	Е	А	Н	Ф	О	Н	А
А	Б	Х	Ц	Є	Ч	Е	Д	О	Ю	Ґ	Ж	Ь	З	Т	Я
Г	Ч	Р	Ш	Е	Ф	Н	Л	О	Є	Ч	Є	У	Е	Ж	Щ
А	К	Ф	Ц	Р	У	И	Ю	Д	Е	Х	Щ	Д	С	Ь	Х
К	Ш	Ю	Е	Ґ	П	К	Ґ	Щ	Р	Ґ	Т	К	Т	Ґ	Ґ

ВОДА
ЧОВЕН
ЗЯБРА
КОШИК
КУХАР
ОБЛАДНАННЯ
ПЕРЕБІЛЬШЕННЯ
ДРІТ
ГАК
ПРИНАДА
ОЗЕРО
ЩЕЛЕПА
ОКЕАН
ТЕРПІННЯ
ВАГА
ПЛЯЖ
РІЧКА
СЕЗОН

5 - Geologia

Н	Р	Є	Ґ	К	Є	К	З	Е	М	Л	Е	Т	Р	У	С
Ж	М	Ґ	Ч	П	О	М	О	Т	А	Л	П	Ь	А	Щ	Е
К	И	С	Л	О	Т	А	П	Н	Є	Д	А	Я	Ш	В	Ґ
Щ	К	Н	Ж	Г	Л	М	Е	З	Т	Е	Р	О	З	І	Я
Б	А	Н	Є	В	М	Є	Ч	Є	О	И	Ь	Б	Я	Ч	К
Е	У	И	Ш	Ь	Я	П	Е	Я	Е	Н	Н	І	Ґ	Ф	О
Л	С	Н	Ц	В	Ч	Ц	Р	А	В	К	А	Е	Г	А	Р
Ю	Ґ	П	М	С	У	Ш	А	Ф	Д	П	Ф	Р	Н	Г	А
К	Р	И	С	Т	А	Л	И	К	А	М	І	Н	Ь	Т	Л
С	Т	А	Л	А	Г	М	І	Т	И	Т	Е	В	К	Г	О
С	Т	А	Л	А	К	Т	И	Т	О	І	Ч	У	І	І	В
В	И	К	О	П	Н	И	Й	Д	Ц	Ц	П	Л	Ч	Г	И
К	А	Л	Ь	Ц	І	Й	А	Н	Г	К	М	К	Ь	О	Й
Я	М	Е	С	А	Г	П	О	В	І	Щ	Т	А	Ц	П	Х
Ж	Є	Я	Д	Ю	О	Р	И	Л	А	Р	Е	Н	І	М	У
Ґ	Ж	Х	Ч	Є	Т	Б	О	С	І	Л	Ь	Я	Р	К	Ч

КИСЛОТА
ШАР
ПЕЧЕРА
КАЛЬЦІЙ
КОНТИНЕНТ
КОРАЛОВИЙ
КРИСТАЛИ
ЕРОЗІЯ
СТАЛАКТИТ
СТАЛАГМІТИ
ВИКОПНИЙ
ЛАВА
МІНЕРАЛИ
КАМІНЬ
ПЛАТО
КВАРЦ
СІЛЬ
ЗЕМЛЕТРУС
ВУЛКАН
ЗОНА

6 - Tempo

Є	Ф	Ж	Х	Щ	Ґ	Ш	Ь	Х	Ю	І	Ь	О	А	Н	О
О	І	Щ	Л	Ф	Г	Ч	Е	Е	Ж	Ф	Ь	Т	С	И	У
Ф	Ш	У	Б	Д	Ч	Ю	О	М	А	Ь	М	Ю	В	Ч	Т
Ч	Б	О	Ж	Х	Н	Я	П	О	Л	У	Д	Е	Н	Ь	Ц
С	Ґ	Б	Ц	Я	Н	Х	Ц	Ж	О	С	Е	П	Щ	Н	Ф
Б	Ь	О	Ч	К	М	Ф	В	Й	Е	К	Р	И	Ш	Е	Я
И	Е	О	Я	Т	Т	І	Л	И	Т	Я	С	Е	Д	Д	Ш
О	В	Ж	Г	О	Б	С	О	Н	Л	М	І	С	Я	Ц	Ь
Г	К	Ш	Т	О	Г	Ч	О	Ч	Г	И	Ц	Ь	Р	Т	Х
К	И	Н	Н	И	Д	О	Г	І	О	Т	Н	Е	М	О	М
А	Т	Щ	Ф	О	Ж	Н	Ц	Р	Д	П	З	А	Р	А	З
Ф	Т	Ц	І	Ч	Ґ	Д	І	О	И	В	Н	Р	Н	Д	И
Д	О	Г	Ф	М	И	Щ	Е	Щ	Н	С	К	О	Н	А	Р
К	А	Л	Е	Н	Д	А	Р	Н	А	Ц	Б	Ч	І	Н	І
М	А	Й	Б	У	Т	Н	Є	Є	Ь	Щ	У	В	Ю	Е	К
С	Т	О	Л	І	Т	Т	Я	Я	Р	С	Я	Я	У	Ч	І

ЗАРАЗ
РІК
ДО
ЩОРІЧНИЙ
КАЛЕНДАР
ДЕСЯТИЛІТТЯ
ДЕНЬ
МАЙБУТНЄ
СЬОГОДНІ
ГОДИНА
РАНОК
ПОЛУДЕНЬ
МІСЯЦЬ
ХВИЛИНА
МОМЕНТ
НІЧ
ВЧОРА
ГОДИННИК
ТИЖДЕНЬ
СТОЛІТТЯ

7 - Astronomia

С	Ш	О	В	С	Е	С	В	І	Т	М	Ґ	У	Г	В	Ч
Ш	У	А	Я	Ф	И	І	Б	Е	И	С	І	Ж	С	К	Р
Е	А	З	Т	Ю	Й	И	Н	Ч	Я	Н	О	С	Д	Ж	Ч
Щ	Щ	П	І	И	Ц	Б	К	Е	П	Т	К	Б	Я	Х	Д
Б	Ж	Х	Х	Р	Ґ	Ю	М	Ь	Х	А	Р	Ь	Л	Ц	Ц
М	Ь	Ю	Щ	О	Я	Д	П	Ф	Д	Ю	Т	З	М	Г	Ь
И	У	С	І	Е	Р	Ї	К	Д	Ь	Ґ	У	А	Е	Р	А
А	О	В	Р	Т	К	О	С	М	О	С	М	Т	З	А	С
В	С	Р	У	Е	Б	Р	Г	Ж	Б	І	А	Е	Л	В	Т
О	Р	Т	Ч	М	Л	Е	Є	Л	Е	М	Н	М	Я	І	Р
Н	Є	Н	Р	В	К	Т	Є	Ф	Н	Х	Н	Н	Т	Т	О
Д	І	Ь	О	О	Ч	С	Ц	Р	М	Ґ	І	Е	Ж	А	Н
А	Ж	А	Т	Е	Н	А	Л	П	Ч	У	С	Н	І	Ц	О
Н	В	И	Е	І	М	А	Ш	И	Є	Р	Т	Н	Ч	І	М
Я	Н	Н	Е	Д	О	Н	В	І	Р	Л	Ь	Я	У	Я	П
Р	А	Д	І	А	Ц	І	Я	Т	Р	А	К	Е	Т	А	П

АСТЕРОЇД
АСТРОНАВТ
АСТРОНОМ
НЕБО
СУЗІР'Я
КОСМОС
ЗАТЕМНЕННЯ
РІВНОДЕННЯ
РАКЕТА
ГРАВІТАЦІЯ
МІСЯЦЬ
МЕТЕОР
ТУМАННІСТЬ
ПЛАНЕТА
РАДІАЦІЯ
СОНЯЧНИЙ
НАДНОВА
ЗЕМЛЯ
ВСЕСВІТ

8 - Acampamento

Б	Е	В	Д	Д	Ч	П	Я	И	Л	О	Х	Є	У	П	Я
А	Я	Ґ	Я	І	А	Ч	О	Б	Ш	Ж	Ю	Е	М	Ь	Н
С	П	А	Ч	Ю	Н	У	Р	Л	И	Б	Л	И	Г	Ю	Т
Н	Щ	І	Я	Е	П	Є	Е	Е	Ю	Т	Е	Г	О	Р	А
А	И	К	А	Н	О	Е	З	Е	Ц	В	П	Л	Ш	К	Д
Д	Е	Р	Е	В	А	О	О	Л	Ґ	В	А	Ь	Ю	Ш	О
О	М	В	А	В	Ж	Б	Г	А	М	А	К	Н	М	Ю	Р
Г	І	Л	Т	В	Л	Л	К	Н	Щ	К	С	О	Н	П	И
И	С	Щ	Р	А	Т	А	О	І	Г	З	Ш	Г	Е	Я	Р
Р	Я	Т	А	Х	И	Д	М	Б	Б	У	Б	О	Щ	Р	П
П	Ц	Х	К	Щ	Ж	Н	А	А	Х	Т	Н	В	П	Л	А
Я	Ь	У	Є	Х	Х	А	Х	К	Ю	О	Я	А	Л	І	С
К	О	М	П	А	С	Н	А	М	О	М	Е	Щ	М	С	Г
Ш	Щ	Е	Ч	Я	Р	Н	П	І	Т	Г	І	Н	У	Е	С
Ч	Щ	Р	Ж	Ю	Ґ	Я	А	Ь	В	Д	В	Б	Є	С	Т
Є	Т	С	О	П	И	Ю	Ж	О	І	Ф	Щ	Ю	Р	Ч	К

ТВАРИН
ПРИГОДА
ДЕРЕВА
КОМПАС
КАБІНА
ПОЛЮВАННЯ
КАНОЕ
КАПЕЛЮХ
МОТУЗКА
ОБЛАДНАННЯ
ЛІС
ВОГОНЬ
КОМАХА
ОЗЕРО
МІСЯЦЬ
ГАМАК
КАРТА
ГОРА
ПРИРОДА
НАМЕТ

9 - Ficção Científica

Н	Р	Ґ	Я	Т	Т	Г	Ж	К	П	Ф	С	Ц	Д	Р	Р
Д	Ь	А	Т	Е	Н	А	Л	П	І	Я	В	Ь	А	Е	Е
Б	Я	О	К	Х	Ш	Є	Є	Р	Е	Н	Х	Ґ	Л	Й	А
Г	И	Р	Ю	Н	Ю	А	М	М	О	Ж	О	Е	Е	И	Л
Є	Ж	И	В	О	Р	Е	Т	Х	Н	Б	Ц	П	К	Н	І
Ґ	М	У	Л	Л	Д	Ц	О	Т	Ц	И	О	Я	И	Ч	С
А	Ц	Ц	Ш	О	С	Т	Р	Р	Х	Г	Ч	Т	Й	И	Т
Н	Е	Р	Ф	Г	В	Ґ	Ш	Т	Ю	И	Ю	И	И	Т	И
Т	Т	Ф	Є	І	І	О	Е	Д	Х	Н	Г	Щ	Й	С	Ч
И	Ж	О	У	Я	Т	Ш	Г	Р	С	К	Ь	С	И	И	Н
У	Х	Ч	Я	Г	А	Л	А	К	Т	И	К	А	Н	Р	И
Т	Ф	П	В	В	И	Б	У	Х	С	Е	С	Ґ	М	У	Й
О	Р	Ь	Н	О	Г	О	В	Є	П	Я	І	П	О	Т	У
П	Ю	П	И	О	Р	А	К	У	Л	К	Л	Щ	Т	У	П
І	Ю	Ю	Й	И	Н	Ч	И	Т	С	А	Т	Н	А	Ф	Ш
Я	І	Л	Ю	З	І	Я	В	Н	Я	Ш	Л	У	М	Ч	Ф

АТОМНИЙ
КІНО
ДАЛЕКИЙ
АНТИУТОПІЯ
ВИБУХ
ФАНТАСТИЧНИЙ
ВОГОНЬ
ФУТУРИСТИЧНИЙ
ГАЛАКТИКА
ІЛЮЗІЯ
УЯВНИЙ
КНИГИ
ТАЄМНИЧИЙ
СВІТ
ОРАКУЛ
ПЛАНЕТА
РЕАЛІСТИЧНИЙ
РОБОТИ
ТЕХНОЛОГІЯ
УТОПІЯ

10 - Mitologia

Р	Т	С	Н	О	М	Г	П	О	В	Е	Д	І	Н	К	А
Е	Ш	Б	И	Б	С	Ч	Е	С	О	М	Р	И	Ь	І	О
В	Л	М	Я	Е	Б	Ґ	Ж	Р	М	І	У	И	Е	С	Ь
Н	Ш	Ю	А	З	Ю	И	Щ	Ш	О	Е	С	Е	Ф	Т	М
О	Х	И	Л	С	Я	Р	М	Ш	Л	Ї	Р	Ю	Ж	О	Р
Щ	М	Ю	О	М	Є	Г	О	Т	П	Д	Н	Т	К	Т	Є
І	С	Ю	Ш	Е	А	Р	Х	Е	Т	И	П	Я	Н	А	Ц
Є	Ч	Ю	І	Р	Л	Е	Г	Е	Н	Д	А	Я	І	И	П
Ф	Е	Ч	Т	Т	И	Х	Ч	А	Р	І	В	Н	И	Й	Й
В	О	Ї	Н	Я	С	Ю	К	В	Т	Е	Ф	Н	Е	О	П
Ч	Б	Л	И	С	К	А	В	К	А	Я	Ґ	Е	Г	Р	О
Г	І	Х	Р	К	У	Л	Ь	Т	У	Р	А	Р	Р	Е	М
І	Л	К	І	Б	Ш	Щ	Г	И	О	П	Є	О	І	Г	С
Г	Ж	М	Б	Ш	Ч	Я	И	Г	Ф	Я	Ш	В	М	М	Т
О	Ь	Ш	А	Ц	О	П	Ш	Ш	Я	Ж	Щ	Т	Ш	Щ	А
Ф	Ч	Л	Л	П	Г	К	Ь	Є	У	Ч	Р	С	Г	О	Ґ

АРХЕТИП
РЕВНОЩІ
ПОВЕДІНКА
СТВОРЕННЯ
ІСТОТА
КУЛЬТУРА
ЛИХО
СИЛА
ВОЇН
ГЕРОЇНЯ
ГЕРОЙ
БЕЗСМЕРТЯ
ЛАБІРИНТ
ЛЕГЕНДА
ЧАРІВНИЙ
МОНСТР
СМЕРТНИЙ
БЛИСКАВКА
ГРІМ
ПОМСТА

11 - Medições

Е	Д	Д	Ф	К	Т	К	І	В	Х	Ч	Е	І	П	С	Є
Е	А	І	Ь	Г	Ґ	Н	Ю	Ч	Ю	Т	Ь	Е	Р	Б	К
О	Ч	Г	Ш	Щ	Ж	С	А	Н	Т	И	М	Е	Т	Р	І
О	Д	Ю	Р	Ч	Ь	Х	Н	Г	Е	П	Й	Щ	Е	Т	Л
М	А	С	А	А	Д	Д	Н	Є	А	Х	Ю	І	М	І	О
Ж	С	Ч	И	Н	М	О	О	К	Г	В	Д	Ь	О	Л	Г
М	Х	Т	Щ	И	И	В	Т	М	Д	Ь	Ю	І	Л	Д	Р
С	Д	О	Л	Б	А	Ж	О	Е	Ж	И	В	Ж	І	Е	А
К	Л	А	Н	И	Р	И	Ш	Т	Б	Ь	С	Ю	К	С	М
В	Ж	Ж	С	Л	Т	Н	Х	Р	У	Н	Ц	І	Я	Я	Л
Ф	И	Я	И	Г	Б	А	В	К	Ч	І	И	Ю	Ф	Т	Ч
К	Ь	С	У	И	А	Е	И	У	Д	П	К	Ю	И	К	Т
Е	Т	Є	О	П	Й	Л	Л	Д	Ю	У	В	А	І	О	Ш
Ф	Ж	О	Т	Т	Т	Ь	И	Р	М	Т	К	Щ	Ж	В	Я
О	Б	С	Я	Г	А	Ю	Н	М	У	С	Б	И	К	И	А
Ю	О	Л	Ш	Д	Ф	И	А	Н	Ь	Ь	Ф	Ч	Я	Й	К

ВИСОТА
БАЙТ
САНТИМЕТР
ДОВЖИНА
ДЕСЯТКОВИЙ
ГРАМ
СТУПІНЬ
ШИРИНА
ЛІТР
МАСА
МЕТР
ХВИЛИНА
УНЦІЯ
ВАГА
ДЮЙМ
ГЛИБИНА
КІЛОГРАМ
КІЛОМЕТР
ТОННА
ОБСЯГ

12 - Álgebra

Х	Т	Ю	В	К	Х	С	М	К	Є	Ь	М	Ґ	Д	Ю	В
Е	Ю	Є	Ґ	Ґ	Г	О	П	А	Є	Л	Ь	Л	У	Н	И
М	М	У	Л	Щ	В	А	Н	Р	Т	Ч	Ф	Ч	Ж	Р	Р
Н	Р	П	Ц	И	О	Ц	Ь	В	О	Р	М	Ш	К	Є	І
М	Є	Е	Р	Ф	И	Р	Ц	О	Л	С	И	Ч	И	Ц	Ш
У	Й	И	В	О	К	Л	И	М	О	П	Т	Ц	Ю	Х	И
А	Є	Д	И	Е	Б	Н	Ф	У	М	Б	Ь	И	Я	Е	Т
Ь	Т	С	І	К	Ь	Л	І	К	Л	К	Г	Г	Т	М	И
Є	Р	Т	Ф	Я	Н	Н	Е	Ш	І	Р	Ш	Р	М	И	Н
Р	І	В	Н	Я	Н	Н	Я	М	В	Х	Щ	У	Е	Т	Я
Л	І	Н	І	Й	Н	И	Й	Ш	А	Л	У	М	Р	О	Ф
Д	І	А	Г	Р	А	М	А	Н	Н	І	М	З	М	Ґ	О
Ц	Я	Й	И	Н	Н	Е	Ч	Н	І	К	С	Е	Н	Н	Ґ
В	І	Д	Н	І	М	А	Н	Н	Я	Х	У	О	М	М	С
Б	Н	Ц	П	О	К	А	З	Н	И	К	М	Ь	І	Ь	О
Т	Ц	Я	Ф	Ф	А	К	Т	О	Р	А	А	В	М	Ш	Е

ДІАГРАМА
РІВНЯННЯ
ПОКАЗНИК
ПОМИЛКОВИЙ
ФАКТОР
ФОРМУЛА
НЕСКІНЧЕННИЙ
ЛІНІЙНИЙ
МАТРИЦЯ
ЧИСЛО
ДУЖКИ
ПРОБЛЕМА
КІЛЬКІСТЬ
ВИРІШИТИ
СПРОСТИТИ
РІШЕННЯ
СУМА
ВІДНІМАННЯ
ЗМІННА
НУЛЬ

13 - Plantas

Е	Р	О	С	Л	И	Н	Н	І	С	Т	Ь	Х	А	О	Е
М	О	Х	М	Ш	Р	Щ	У	Ж	Х	С	Ю	Е	Б	Е	Ц
К	А	К	Т	У	С	Ь	Л	Г	П	Р	Р	Ш	Л	І	С
Є	Ю	Ж	Т	С	Ц	К	И	Д	Е	Т	І	Я	Т	М	Г
Ф	А	Н	Б	Р	Д	У	С	О	Л	Д	Х	Ф	С	Н	Ґ
П	Л	Ю	Щ	Р	А	Щ	Т	Б	Ю	І	О	Ч	О	Х	Л
Ш	Є	Ж	Ф	Г	С	В	Я	Р	С	Б	А	М	Б	У	К
Ж	Н	Б	Х	Л	Г	Л	А	И	Т	К	В	І	Т	К	А
Н	С	Ж	Я	Л	О	С	А	В	К	О	О	А	Ч	Ґ	Ч
Г	У	Ц	Е	О	С	Р	Т	О	А	У	А	У	К	П	Ж
П	К	О	Р	І	Н	Ь	А	Б	О	Т	А	Н	І	К	А
Є	Г	В	Т	М	А	Ґ	Ж	Я	К	О	Ю	Б	У	О	Д
Е	М	Е	Р	Ч	И	Ч	Х	Ф	Г	Г	Г	Н	Б	Т	С
В	А	Р	А	Я	Л	Ь	У	К	Ч	О	Щ	С	К	Д	Ч
Я	И	Е	В	Ч	Щ	Є	Б	Д	С	Є	Д	М	В	Н	А
И	Л	Д	Щ	Ц	С	Ю	С	Ф	С	Ч	Ц	А	В	Р	Ґ

КУЩ
ДЕРЕВО
ЯГОДА
БАМБУК
БОТАНІКА
КАКТУС
ТРАВ
КВАСОЛЯ
ДОБРИВО
КВІТКА
ФЛОРА
ЛІС
ЛИСТЯ
ТРАВА
ПЛЮЩ
САД
МОХ
ПЕЛЮСТКА
КОРІНЬ
РОСЛИННІСТЬ

14 - Veículos

Ч	А	В	Т	О	Б	У	С	Л	Ф	У	Р	Г	О	Н	К
І	О	Р	Т	Е	М	Ф	М	І	В	А	Л	Т	Ґ	У	А
Ґ	Ж	В	П	Л	І	Т	Ь	Т	А	В	А	Р	С	Г	Р
Р	В	Е	Е	Я	Е	М	Ч	А	Н	Т	Ц	А	Щ	И	А
Г	В	М	И	Н	Ю	Т	Ф	К	Т	О	І	К	Я	В	В
Д	Е	П	И	С	О	Л	Е	В	А	М	І	Т	Ю	Д	А
Ґ	Р	В	Ь	И	Ш	Ц	П	В	Ж	О	Т	О	Г	С	Н
А	Т	Е	К	А	Р	И	І	Г	І	Б	Т	Р	Т	Ь	И
А	О	Б	А	И	Б	В	Н	Ш	В	І	С	К	А	Т	Ц
Х	Л	М	П	А	Н	Д	Л	И	К	Л	М	Є	Ж	Х	П
Ц	І	И	К	Я	Ч	В	У	Ш	А	Ь	Я	Г	Е	Ж	Ґ
Л	Т	К	О	П	О	Р	О	М	С	К	У	Т	Е	Р	У
Е	А	О	Р	Я	Е	Ь	Е	Ч	С	Л	Є	В	Ь	І	К
Ь	Б	Ж	Ю	Б	Т	П	Ф	Ф	Є	Б	Т	Н	Щ	М	К
С	Г	П	І	Г	К	П	К	Н	Г	Ґ	Ж	Ш	Ч	І	Є
М	Д	У	Г	Т	Ц	І	Р	Щ	У	Ч	И	Ц	І	Щ	М

ЛІТАК
ПОРОМ
ЧОВЕН
ВЕЛОСИПЕД
ВАНТАЖІВКА
КАРАВАН
АВТОМОБІЛЬ
РАКЕТА
ФУРГОН
ВЕРТОЛІТ
ПЛІТ
СКУТЕР
МЕТРО
ДВИГУН
АВТОБУС
ШИНИ
ТАКСІ
ЧОВНИК
ТРАКТОР

15 - Engenharia

Р	Х	А	Х	М	І	Т	О	Г	Ґ	Б	Ґ	Х	Ю	В	Ч
У	Ь	Л	К	Р	Р	І	Д	И	Н	А	Н	И	Ш	А	М
Ш	С	Т	Р	У	К	Т	У	Р	А	Л	И	С	Ж	Н	Н
І	Ц	В	Д	Р	К	Ь	Т	Е	Р	Т	Я	Ч	Є	И	Ю
Й	Ш	Х	К	І	Ц	Ґ	П	Р	Ж	К	У	Ш	Д	Б	С
Б	У	Д	І	В	Н	И	Ц	Т	В	О	Р	К	И	И	Т
Т	Є	Д	Я	С	У	Н	Я	Е	С	Н	О	Р	З	Л	А
Г	Ґ	Ж	І	Д	Д	І	Щ	М	І	У	З	О	Е	Г	Б
Ж	Х	М	Г	А	В	Х	Х	А	Ж	Х	П	З	Л	Ю	І
Л	Ч	Ц	Р	Т	Г	И	Є	І	Л	А	О	М	Ь	Б	Л
У	Ь	Ч	Е	Ф	С	Р	Г	Д	О	Р	Д	І	С	С	Ь
Щ	Ґ	Ф	Н	Р	Щ	С	А	У	Ж	З	І	Р	І	Ь	Н
Щ	Ж	У	Е	У	Ч	П	Н	М	Н	О	Л	И	В	Ь	І
Л	И	Ґ	Є	Л	Л	Ш	А	К	А	Р	Щ	В	Ш	Х	С
В	И	М	І	Р	Ю	В	А	Н	Н	Я	І	Т	Ч	М	Т
Ч	Щ	Х	И	Г	Ж	Ш	Ж	Ґ	Ж	О	И	Н	Е	Н	Ь

ТЕРТЯ
КУТ
РОЗРАХУНОК
БУДІВНИЦТВО
ДІАГРАМА
ДІАМЕТР
ДИЗЕЛЬ
РОЗМІРИ
РОЗПОДІЛ
ВІСЬ

ЕНЕРГІЯ
СТАБІЛЬНІСТЬ
СТРУКТУРА
СИЛА
РІДИНА
МАШИНА
ВИМІРЮВАННЯ
ДВИГУН
ГЛИБИНА
РУШІЙ

16 - Restaurante # 2

С	Ш	О	Щ	В	Ь	С	В	Є	Д	Ф	Р	С	Я	Г	С
У	Г	Р	Ґ	В	О	П	Ч	О	Є	Ц	Д	І	Б	О	М
П	Н	И	И	Ш	Щ	Е	А	Ж	С	К	Т	Л	Є	Ч	А
И	К	Б	У	Б	Ц	Ц	Н	О	В	Ф	В	Ь	Ж	М	Ч
Ц	Є	А	Ю	Ф	Я	І	Ь	Ґ	С	Ь	М	И	Ш	Ь	Н
В	Х	Р	Ж	Ь	Р	Ї	Є	Ґ	А	Н	Т	Г	Л	А	И
В	Ю	Х	О	И	Е	У	Л	Ш	Л	Г	Л	Р	Н	К	Й
Ґ	Л	В	Ч	Д	Ч	Ф	К	Н	А	М	Є	Я	Щ	С	А
Б	Т	Л	І	Д	Е	Ф	К	Т	Т	Н	Ш	Ч	Х	У	Н
Р	Н	О	Н	Р	В	П	П	Р	С	Б	Ш	К	С	К	И
Н	А	П	І	Й	Д	Е	Ю	О	І	Л	О	Ж	К	А	Ш
Т	І	С	Ч	Щ	В	Ю	Ч	Т	І	С	Ь	Ь	Ч	З	К
Х	Ц	М	О	Е	У	Н	Я	Р	Х	Е	Л	Ч	Ґ	А	О
Т	І	Ю	В	О	Ю	Г	С	М	А	Щ	М	О	Б	Е	Л
Ш	Ф	М	О	Ч	В	О	Д	А	Ц	Щ	Д	Ф	К	А	П
О	О	І	І	Ц	Г	Б	Х	М	У	А	Ф	Ю	Ґ	С	І

ОБІД
ЗАКУСКА
ВОДА
НАПІЙ
ТОРТ
КРІСЛО
ЛОЖКА
СМАЧНИЙ
СПЕЦІЇ
ФРУКТ
ОФІЦІАНТ
ВИЛКА
ЛІД
ВЕЧЕРЯ
ОВОЧІ
ЛОКШИНА
РИБА
СІЛЬ
САЛАТ
СУП

17 - Países #2

Л	И	Є	О	В	Б	Х	С	І	Л	М	П	Р	У	К	А
П	А	К	И	С	Т	А	Н	Н	І	С	Г	А	Ї	Т	І
Д	К	Т	И	Ґ	Х	В	А	Д	В	О	Ф	Б	Б	Щ	Ґ
Б	И	М	Л	М	Щ	Ц	Р	О	А	М	І	С	Ь	М	А
У	С	Г	О	А	І	Б	У	Н	Н	А	Ю	Н	О	М	Ж
Ґ	К	Л	Ж	Ч	О	С	О	Е	Б	Л	Щ	Е	Щ	М	Ш
Ш	Е	Р	Ґ	Ц	Ж	С	Г	З	Ж	І	Ґ	Ш	І	Е	Ш
Ю	М	Ь	А	П	Я	Ф	Я	І	Ц	Н	А	Р	Ф	Я	Я
Ф	І	П	Ґ	Ї	І	Б	Л	Я	І	Ц	Е	Р	Г	О	М
С	А	Л	Я	І	Н	А	Б	Л	А	К	Х	А	К	Ч	А
П	Ь	У	І	Є	О	А	І	І	Ч	М	Д	Е	О	Ш	Й
Ч	В	Р	С	Л	П	Ш	Я	І	Д	Н	А	Л	Р	І	К
Х	Ч	А	О	Н	Я	І	Р	Е	Г	І	Н	К	Б	П	А
Л	Б	П	Р	Н	Е	П	А	Л	К	Г	І	К	Б	Ь	С
У	Г	А	Н	Д	А	Ф	Ц	К	О	Г	Я	І	Р	И	С
Р	Ю	Д	Щ	У	Я	М	Ж	К	Щ	Ф	М	Р	Р	Д	Ґ

АЛБАНІЯ
ДАНІЯ
ФРАНЦІЯ
ГРЕЦІЯ
ГАЇТІ
ІНДОНЕЗІЯ
ІРЛАНДІЯ
ЯМАЙКА
ЯПОНІЯ
ЛАОС
ЛІВАН
МЕКСИКА
НЕПАЛ
НІГЕРІЯ
ПАКИСТАН
РОСІЯ
СИРІЯ
СОМАЛІ
УКРАЇНА
УГАНДА

18 - Cozinha

И	Ч	Л	К	Ч	П	Г	Б	Х	Ц	Щ	С	Ш	І	Б	Ц
Є	А	С	Н	Ж	Ш	Р	П	Ф	В	Л	Н	Ч	П	І	Ч
И	Ш	Т	П	М	К	И	Н	Й	А	Ч	Г	Л	Е	К	Л
С	К	Г	И	Е	И	Л	Р	О	К	О	О	П	Я	М	Ч
В	И	Д	П	Х	Ц	Ь	О	М	Б	Г	Л	Е	Ч	И	К
И	К	Я	Н	А	О	І	Б	Х	У	Т	Р	А	Ф	О	Ж
Л	Ж	Л	О	Ш	Л	Л	Ї	Ч	Г	С	І	А	Н	С	Ц
К	О	Ц	Ж	А	Р	И	О	Щ	А	Т	П	Е	Ц	Е	Р
И	Л	Т	І	Ч	Л	С	Ч	Д	У	Е	И	В	Ь	Р	О
Ґ	Ж	К	Ф	Ф	Е	И	Ю	К	И	Д	Ю	Я	С	В	Є
П	Т	Е	Д	М	І	М	Є	Я	А	Л	Н	Ш	Є	Е	Ч
К	И	Н	Ь	Л	И	З	О	Р	О	М	Ь	Т	О	Т	Е
Е	Ч	Г	Р	Д	Є	С	Ц	Г	К	Н	И	Н	В	К	Ю
А	Ш	Х	Т	М	Ю	Ґ	П	К	Н	Б	Ч	У	И	А	Ж
У	О	Ж	Ґ	Я	Щ	Р	У	Щ	Ш	Ф	Є	Р	Д	К	Ч
О	Я	Ж	Ш	Ь	О	Ц	Ч	Ш	А	Ц	В	Є	Д	О	Ч

ФАРТУХ
ЧАЙНИК
ЛОЖКИ
ЧАШКИ
СПЕЦІЇ
ГУБКА
НОЖІ
ПІЧ
МОРОЗИЛЬНИК
ВИЛКИ
ХОЛОДИЛЬНИК
ГРИЛЬ
СЕРВЕТКА
ГЛЕК
ГЛЕЧИК
ПАЛИЧКАМИ
РЕЦЕПТ
ЧАША

19 - Material de Arte

Щ	О	Г	Щ	Б	Є	В	Ф	Ю	Ш	Я	Ю	Ч	О	П	Т
Т	Ь	А	Ч	Є	О	Ф	М	Д	Х	Х	Ю	Д	Т	А	В
О	В	В	Є	В	І	Ш	К	Х	Г	Г	Щ	О	Т	П	Х
Т	І	О	Ь	Т	Р	Е	Б	Ь	Л	О	М	Ш	Ґ	І	Щ
Л	В	Т	Р	Ь	У	Д	Я	Ц	И	Л	Б	А	Т	Р	К
Л	Б	Б	И	Ч	Я	Ч	Ж	П	Н	Л	Л	Д	Н	Я	А
Ю	Щ	Ґ	Ч	Е	І	І	Х	Е	А	П	К	Щ	Я	Ґ	М
У	Я	Ь	Ф	О	Я	С	Ь	Ґ	К	Й	Л	М	Ц	С	Е
Щ	І	Т	К	А	Р	В	Т	Щ	М	И	Е	Я	Ш	К	Р
Е	Л	Л	Ю	Х	У	Н	Ь	Ь	У	В	Й	Д	Щ	О	А
К	О	Л	Ь	О	Р	И	И	С	Г	О	Д	Ь	М	Н	К
В	П	О	Н	Ц	О	Ч	Щ	Л	О	Л	І	В	Ц	І	І
О	Ф	С	Ь	Ю	А	Ґ	Р	Ч	О	И	Б	Р	А	Ф	Х
Д	К	І	У	У	Б	Ц	С	Щ	Щ	Р	Ф	И	Б	Я	Д
А	В	А	К	В	А	Р	Е	Л	І	К	Р	І	С	Л	О
Н	Т	Ч	Д	Ю	И	Я	Р	П	П	А	С	Т	Е	Л	І

АКРИЛОВИЙ
ГУМКА
АКВАРЕЛІ
ГЛИНА
ВОДА
КРІСЛО
МОЛЬБЕРТ
КАМЕРА
КЛЕЙ
КОЛЬОРИ
ТВОРЧІСТЬ
ЩІТКА
ОЛІВЦІ
ТАБЛИЦЯ
ОЛІЯ
ПАПІР
ПАСТЕЛІ
ЧОРНИЛО
ФАРБИ

20 - Números

С	Д	В	А	П	Р	Д	Д	І	В	Ф	А	Є	У	Д	С
В	І	П	С	Ґ	Ф	Л	Е	С	И	І	У	Щ	С	В	А
С	А	М	Т	Р	И	Г	В	Я	Т	Ґ	С	И	Х	А	О
П	І	Ь	Н	И	Д	О	Я	Я	Ч	Л	О	І	Ч	Н	В
Я	Т	М	Ж	А	Е	У	Т	А	У	Д	Щ	Ґ	М	А	І
Т	Р	Д	К	П	Д	Я	Ь	Я	С	Т	Е	И	У	Д	С
Н	И	Ц	Ь	Т	Я	Ц	Д	А	Н	Т	С	І	Ш	Ц	І
А	Н	Ґ	Т	Є	Д	Є	Я	Ь	Ч	Ф	Щ	Я	Л	Я	М
Д	А	Я	Я	И	И	Р	И	Т	О	Ч	И	Л	П	Т	Н
Ц	Д	Щ	Ц	Т	Є	Ч	С	Я	Ь	Т	С	І	Ш	Ь	А
Я	Ц	С	Д	С	Ц	А	Г	П	Т	Ч	Х	Ж	Р	В	Д
Т	Я	М	А	Ч	И	Я	Б	О	Я	Н	У	Л	Ь	Є	Ц
Ь	Т	Ж	В	П	Є	У	Ф	Щ	С	Х	Є	Р	У	К	Я
У	Ь	Л	Д	Щ	М	Ц	Е	Ц	Е	К	А	Г	Б	Л	Т
Й	И	В	О	К	Т	Я	С	Е	Д	Щ	Ж	А	Р	Ф	Ь
Ч	О	Т	И	Р	Н	А	Д	Ц	Я	Т	Ь	К	Д	А	Ц

П'ЯТЬ
ДЕСЯТКОВИЙ
ДЕСЯТЬ
ШІСТНАДЦЯТЬ
СІМНАДЦЯТЬ
ВІСІМНАДЦЯТЬ
ДВА
ДВАНАДЦЯТЬ
ДЕВ'ЯТЬ
ВІСІМ
ЧОТИРНАДЦЯТЬ
ЧОТИРИ
П'ЯТНАДЦЯТЬ
ШІСТЬ
СІМ
ТРИНАДЦЯТЬ
ТРИ
ОДИН
ДВАДЦЯТЬ
НУЛЬ

21 - Física

Ш	В	И	Д	К	І	С	Т	Ь	Ч	С	Т	Ж	С	Щ	Ґ
М	А	Г	Н	Е	Т	И	З	М	А	Ю	Н	К	Г	І	Я
Ф	А	Х	Ж	Н	К	Л	Л	Ґ	С	О	А	Х	Н	Л	Г
О	Ф	Л	Т	Л	Ц	И	С	Ь	Т	Ц	А	І	Ц	Ь	Р
Р	Л	Н	У	Г	И	В	Д	К	О	В	Б	І	В	Н	А
М	Щ	Г	І	К	Б	Н	О	Є	Т	Т	Л	М	І	І	В
У	Ш	Я	Я	Д	Е	Х	А	П	А	Ь	Ґ	К	Д	С	І
Л	Ш	Ш	Ш	Ш	І	Л	Р	Т	Л	Ю	К	Ч	Н	Т	Т
А	Ч	П	Р	И	С	К	О	Р	Е	Н	Н	Я	О	Ь	А
Н	А	К	І	Н	А	Х	Е	М	Г	А	З	К	С	Л	Ц
Е	С	У	І	П	Ґ	Н	М	М	Х	Г	С	Ц	Н	І	І
Г	Т	Х	І	М	І	Ч	Н	І	А	А	С	І	І	Ю	Я
Л	И	Я	Д	Е	Р	Н	И	Й	Ш	С	К	М	С	Т	У
П	Н	О	Р	Т	К	Е	Л	Е	Ц	У	А	М	Т	Ф	А
Ч	К	А	Т	О	М	И	Ц	Ф	Ґ	Ш	Ь	Р	Ь	Ґ	Ь
Ч	А	У	Н	І	В	Е	Р	С	А	Л	Ь	Н	И	Й	Щ

ПРИСКОРЕННЯ
АТОМ
ХАОС
ЩІЛЬНІСТЬ
ЕЛЕКТРОН
ФОРМУЛА
ЧАСТОТА
ГАЗ
ГРАВІТАЦІЯ
МАГНЕТИЗМ
МАСА
МЕХАНІКА
МОЛЕКУЛА
ДВИГУН
ЯДЕРНИЙ
ЧАСТИНКА
ХІМІЧНІ
ВІДНОСНІСТЬ
УНІВЕРСАЛЬНИЙ
ШВИДКІСТЬ

22 - Especiarias

У	Д	О	В	Ґ	Ф	К	С	Ґ	Ш	П	Е	Р	Е	Ц	Ь
В	А	Н	І	Л	І	А	Ф	О	Ч	Я	Ц	И	Р	О	К
Ф	Ґ	И	У	Ф	Ю	Р	Е	Щ	Л	Е	Ґ	Б	Ш	Ю	Р
Т	А	М	О	Р	А	Д	Н	Ь	Г	О	Р	М	Д	Б	И
Ґ	Я	К	П	Ч	Ж	А	Х	Н	Е	І	Д	І	У	Н	Ц
М	Г	Х	Т	Б	Н	М	Е	Ь	У	І	Н	К	Н	Ю	Н
С	У	В	Ч	Г	Ш	О	Л	Г	Ц	Е	А	Х	А	К	Д
Д	Я	С	О	Д	У	Н	Ь	Б	Х	Є	І	Р	Р	А	К
О	Ш	І	О	З	Ц	И	Б	У	Л	Я	Р	В	Ф	Я	Б
Р	Ґ	Н	Л	Л	Д	Г	Н	К	Д	У	О	Щ	А	Х	М
Ю	М	А	Б	Г	О	И	С	Ю	Ч	У	К	Х	Ш	Ж	Ц
Е	Ф	Т	Х	Б	К	Д	К	Ф	Р	І	И	Ь	Ь	М	Г
Г	І	Р	К	И	Й	И	К	А	Д	Е	І	Х	Б	І	С
Н	У	Т	П	Д	Г	У	Х	И	Ж	Є	С	Ш	Щ	Ш	І
М	Ь	М	Ш	У	Є	А	Ф	Ч	Й	И	Л	С	И	К	Л
Б	Н	С	Д	В	Ч	А	С	Н	И	К	Ю	Ц	Ш	Д	Ь

ШАФРАН
СОЛОДКА
ЧАСНИК
ГІРКИЙ
АНІС
КИСЛИЙ
ВАНІЛІ
КОРИЦЯ
КАРДАМОН
КАРРІ
ЦИБУЛЯ
КОРІАНДР
КМИН
ГВОЗДИКА
СОЛОДКИЙ
ФЕНХЕЛЬ
ІМБИР
ПЕРЕЦЬ
АРОМАТ
СІЛЬ

23 - Países #1

П	Є	Л	А	Г	Е	Н	Е	С	В	О	Є	Н	І	Ґ	Ю
М	О	М	Я	Ж	Ю	К	Ж	В	Ф	Д	Г	І	С	Я	А
І	Д	Л	П	С	Ж	О	В	О	С	Е	И	М	П	Р	У
Є	Я	К	Ь	Ь	Р	П	Ф	А	А	А	П	Е	А	Ґ	Т
Ц	К	Я	Л	Щ	В	Ґ	І	І	Д	Г	Е	Ч	Н	Я	Е
І	М	П	Ї	Е	А	Ц	Н	Ф	Б	О	Т	Ч	І	Ь	А
Е	Д	Г	А	Ш	К	О	Л	Г	Д	О	Р	И	Я	О	Г
Т	Е	И	Р	Я	С	Ц	Я	І	Д	Н	І	Н	А	Ю	К
Б	Ж	Б	З	С	Ь	Ґ	Н	М	А	Л	І	А	У	Г	М
И	Ю	Ф	І	М	Ж	Т	Д	Н	О	Р	В	Е	Г	І	Я
І	Т	А	Л	І	Я	Д	І	Ь	Ґ	Х	Ч	Д	А	А	С
Ґ	Р	Д	І	Ф	В	І	Я	І	Л	И	З	А	Р	Б	Ю
Ч	Е	А	Я	Р	М	А	Р	О	К	К	О	Ґ	А	І	К
Б	Б	Н	Ю	Ч	А	Ж	Д	О	Б	М	А	К	К	Т	У
Х	Т	А	Ж	Т	Ч	К	П	А	Н	А	М	А	І	К	И
Д	К	К	В	Е	Н	Е	С	У	Е	Л	А	П	Н	Я	П

НІМЕЧЧИНА
БРАЗИЛІЯ
КАМБОДЖА
КАНАДА
ЄГИПЕТ
ЕКВАДОР
ІСПАНІЯ
ФІНЛЯНДІЯ
ІРАК
ІЗРАЇЛЬ
ІТАЛІЯ
ІНДІЯ
МАЛІ
МАРОККО
НІКАРАГУА
НОРВЕГІЯ
ПАНАМА
ПОЛЬЩА
СЕНЕГАЛ
ВЕНЕСУЕЛА

24 - Casa

Н	М	Є	Ю	Ш	В	Р	Ю	М	О	Ю	Д	У	Щ	В	К
Ш	А	Л	Ш	Г	В	І	У	П	Е	Ю	У	Х	М	С	Л
Т	Я	Ж	Ж	Б	Ц	Ф	К	Я	Ф	Б	Ш	Ф	А	Ґ	Ю
О	Л	А	К	Р	Е	З	Д	Н	Ж	Т	Л	Д	Ч	Ь	Ч
Р	Е	Р	К	А	М	І	Н	Х	О	О	М	І	Є	Я	І
И	Т	А	М	І	Т	Л	А	У	Я	Ш	Ш	Р	В	Р	Г
П	С	Г	Я	Р	Н	Т	Ч	К	Л	Л	Г	Е	Ф	Х	Л
І	Ь	Ь	Г	Ш	А	К	Р	А	Н	Ґ	Ч	В	К	Ю	І
П	Р	К	Ц	О	К	О	М	И	Л	И	К	Д	Ф	К	Ч
Е	В	Н	Ш	Б	Р	Б	І	Б	Л	І	О	Т	Е	К	А
Г	Ь	Л	Ш	Е	А	И	Ц	В	Х	С	А	Д	Ю	Х	С
Ґ	Д	Б	Н	Ю	П	П	Щ	Л	Х	П	Ж	П	І	С	Є
Ч	Щ	Р	Ц	Е	Ф	Ю	Б	Е	Ь	И	В	Ґ	Д	Т	Д
В	К	О	Ж	Е	Ц	С	Е	А	С	Я	Я	Щ	И	І	М
К	Ш	Д	Л	С	Ж	П	І	Ь	И	Щ	Л	В	Х	Н	А
Є	Н	Ю	П	К	І	М	Н	А	Т	А	Р	И	Ю	А	Д

БІБЛІОТЕКА
ПАРКАН
КЛЮЧІ
ДУШ
ШТОРИ
КУХНЯ
ДЗЕРКАЛО
ГАРАЖ
ВІКНО
САД

КАМІН
МЕБЛІ
СТІНА
ДВЕРІ
КІМНАТА
ГОРИЩЕ
КИЛИМОК
СТЕЛЯ
КРАН
МІТЛА

25 - Vegetais

П	К	П	Ц	П	Н	У	Ґ	С	Е	Л	Е	Р	А	І	Н
Б	П	О	И	Б	Л	Я	Н	И	Л	И	Р	Ю	Л	М	А
Ш	П	М	Б	И	Р	Г	Ч	Д	Р	Ш	Б	Я	Б	Б	Ж
А	Е	І	У	Ш	Ц	Щ	Ц	Е	В	Я	Ч	К	Ь	И	А
Л	Т	Д	Л	Ж	О	У	Є	Р	К	Ь	Ц	С	Б	Р	Л
О	Р	О	Я	Д	М	А	В	Я	Ш	Ч	А	С	Н	И	К
Т	У	Р	С	І	Б	В	Ж	Г	Г	П	А	Ш	Ч	Е	А
К	Ш	Г	К	У	Р	К	Ш	В	Ю	А	И	Р	Щ	К	Б
С	К	Ю	Ч	К	О	Р	І	Г	О	Є	Р	Н	Е	Ц	Ч
А	А	И	Р	Ґ	К	О	Ш	И	Т	Р	А	Б	А	К	Т
Л	Я	Б	У	Щ	О	М	О	Е	Є	О	С	О	У	Т	Ь
А	А	Х	Г	Я	Л	П	О	Т	Р	А	К	Б	С	З	Г
Т	С	Б	А	О	І	Ю	Ю	В	У	Б	Х	Ь	Є	И	Я
Ж	Д	У	Ц	І	Р	С	Х	Б	Ю	Я	М	Х	Х	Ю	Ш
О	Е	Я	У	К	П	О	М	Ж	А	Р	І	П	А	Ц	Ц
Р	Х	Л	Я	Р	Г	М	Х	И	Е	Б	Г	Щ	Ф	П	М

ГАРБУЗ
СЕЛЕРА
АРТИШОК
ЧАСНИК
КАРТОПЛЯ
БАКЛАЖАН
БРОКОЛІ
ЦИБУЛЯ
МОРКВА
ШАЛОТ
ГРИБ
ГОРОХ
ШПИНАТ
ІМБИР
РІПА
ОГІРОК
РЕДИС
САЛАТ
ПЕТРУШКА
ПОМІДОР

26 - Balé

А	Х	Ф	Н	Ч	І	Ю	Щ	Є	А	К	І	Н	Х	Е	Т
Ш	Е	У	В	И	Р	А	З	Н	И	Й	Ґ	Ю	П	Ц	А
Ю	Б	Ґ	Д	В	А	Є	Р	П	Т	Р	А	Ц	К	Ь	Н
С	О	Л	О	О	Є	Ж	О	Р	К	Е	С	Т	Р	Л	Ц
А	П	Щ	А	Н	Ж	В	И	Є	У	Я	Ф	Е	Л	О	Ю
К	У	Р	У	Й	И	Н	Е	Ч	Н	О	Т	И	В	Ц	Р
И	Л	Д	А	Щ	А	Я	І	Ц	И	Т	Е	П	Е	Р	И
З	Н	Щ	И	К	Ч	М	Е	Й	К	С	Д	Х	Н	О	С
У	Ш	Я	Ц	Т	Т	Т	Ю	Е	С	Е	И	А	А	Т	Т
М	Ф	Ґ	Ф	Н	О	И	І	К	Е	Ж	Н	Х	В	И	І
Н	Ш	К	Б	Ш	О	Р	К	Ь	Л	И	Т	С	И	З	В
М	Ю	И	Є	М	И	Ф	І	А	П	Ґ	Ґ	Я	Ч	О	Ч
Б	А	Л	Е	Р	И	Н	А	Я	О	Є	В	Ц	К	П	И
І	Н	Т	Е	Н	С	И	В	Н	І	С	Т	Ь	А	М	Д
Н	Г	И	Е	И	Я	І	Ф	А	Р	Г	О	Е	Р	О	Х
Ь	Х	Ц	Р	Х	Ф	В	Ґ	К	Ц	У	М	Т	М	К	Е

ОПЛЕСКИ
ХУДОЖНІЙ
БАЛЕРИНА
КОМПОЗИТОР
ХОРЕОГРАФІЯ
ТАНЦЮРИСТІВ
РЕПЕТИЦІЯ
СТИЛЬ
ВИРАЗНИЙ
ЖЕСТ
ВИТОНЧЕНИЙ
НАВИЧКА
ІНТЕНСИВНІСТЬ
МУЗИКА
ОРКЕСТР
ПРАКТИКА
АУДИТОРІЯ
РИТМ
СОЛО
ТЕХНІКА

27 - Adjetivos #1

В	Ц	Б	Щ	Х	У	Д	О	Ж	Н	І	Й	В	Р	Ь	І
Е	І	К	Е	Ж	Д	Г	Ь	Б	Б	И	И	Е	Т	Ш	Д
Л	Н	Ш	Д	Г	В	Є	С	Щ	Д	Н	Н	Л	А	Н	Е
И	Н	Я	Р	Н	І	Н	Ь	И	Е	Т	С	И	Є	А	Н
К	И	О	И	Ю	И	Д	Л	К	Е	С	А	Ч	М	Б	Т
И	Й	Х	Й	И	Н	С	Е	Ч	Б	Ч	Ч	Е	Н	С	И
Й	Є	Й	И	В	И	Л	Ж	А	В	Ш	У	З	И	О	Ч
П	О	В	І	Л	Ь	Н	И	Й	Л	Р	С	Н	Ч	Л	Н
Т	Е	М	Н	И	Й	Н	Е	Є	У	Ь	Щ	И	И	Ю	И
А	Р	О	М	А	Т	И	Ч	Н	И	Й	Н	Й	Й	Т	Й
Е	К	З	О	Т	И	Ч	Н	І	Щ	А	Ь	И	И	Н	И
Х	Ф	В	Ю	Х	А	К	Ґ	Л	М	У	Ь	К	Й	И	К
Ц	Х	І	Г	Г	М	С	Ф	М	Г	Д	Е	Н	Ю	Й	Ж
П	Р	И	В	А	Б	Л	И	В	И	Й	Ґ	О	Ф	Т	А
А	С	Б	Х	Л	І	Ж	Ю	Р	Ц	Р	У	Т	Б	Б	В
Ш	Б	Ґ	К	В	Р	Ж	С	Е	Р	Й	О	З	Н	И	Й

АБСОЛЮТНИЙ
АРОМАТИЧНИЙ
ХУДОЖНІЙ
ПРИВАБЛИВИЙ
ВЕЛИЧЕЗНИЙ
ТЕМНИЙ
ЕКЗОТИЧНІ
ТОНКИЙ
ЩЕДРИЙ
ВЕЛИКИЙ
ЧЕСНИЙ
ІДЕНТИЧНИЙ
ВАЖЛИВИЙ
ПОВІЛЬНИЙ
ТАЄМНИЧИЙ
СУЧАСНИЙ
ІДЕАЛЬНИЙ
ВАЖКИЙ
СЕРЙОЗНИЙ
ЦІННИЙ

28 - Psicologia

Н	Ф	И	Я	Д	Ї	І	Ц	О	М	Е	Щ	Р	Р	Ц	П
Є	Х	І	Т	С	О	Т	С	И	Б	О	С	О	Е	О	Р
В	Ш	Л	Т	Ь	Г	С	А	Р	Ґ	У	Б	Ч	А	Ц	И
П	Ґ	С	У	Я	Е	О	В	В	Щ	Ц	Н	Ь	Л	І	З
О	Ц	Д	Ч	Я	Ґ	М	К	І	П	Е	Х	У	Ь	Н	Н
В	Є	И	Д	У	Е	О	С	О	Д	Л	Ц	І	Н	К	А
Е	Ч	Ш	І	И	Ґ	Д	Г	Я	Н	В	И	Я	І	А	Ч
Д	Х	Н	В	Ґ	Є	І	Ю	Я	С	Ф	М	В	С	Т	Е
І	Д	У	М	К	И	В	Т	М	Ч	Є	Л	Ц	Т	Ч	Н
Н	Ж	М	Ч	Г	Т	С	Є	У	В	Ц	Я	І	Ь	Ф	Н
К	Ь	Й	И	М	О	Д	І	В	С	Е	Н	Ц	К	Ц	Я
А	Ґ	Й	И	Н	Ч	І	Н	І	Л	К	Л	Я	А	Т	Г
Ь	Ж	М	Р	І	Ї	П	Д	И	Т	И	Н	С	Т	В	О
Ґ	Г	С	П	Р	И	Й	Н	Я	Т	Т	Я	Л	В	У	Н
А	Я	Х	П	Р	О	Б	Л	Е	М	А	Ш	Л	Е	Х	Ш
О	Т	Е	Р	А	П	І	Я	Б	Ш	П	Н	Ь	И	А	Ч

ОЦІНКА
КЛІНІЧНИЙ
ПОВЕДІНКА
ПРИЗНАЧЕННЯ
КОНФЛІКТ
ЕГО
ЕМОЦІЇ
ДОСВІД
НЕСВІДОМИЙ
ДИТИНСТВО
ВПЛИВ
ДУМКИ
СПРИЙНЯТТЯ
ОСОБИСТОСТІ
ПРОБЛЕМА
РЕАЛЬНІСТЬ
ВІДЧУТТЯ
МРІЇ
ПІДСВІДОМОСТІ
ТЕРАПІЯ

29 - Paisagens

У	П	Н	В	Б	Ю	Е	У	Ф	Щ	Я	В	Ц	О	Ґ	Л
Ш	Ґ	Е	Л	Н	О	О	І	Ґ	Г	А	Д	Н	С	Я	Ш
С	Н	В	Ч	Ц	Т	Л	Щ	Ч	О	Л	У	Щ	Т	Ь	С
С	Т	Є	О	Е	И	Щ	О	Х	Р	Є	І	К	Р	Г	Н
П	Х	Щ	З	Ш	Р	В	Л	Т	А	Н	І	И	І	П	Ж
Л	Ш	Д	Е	И	Д	А	П	С	О	Д	О	В	В	У	І
Я	Я	Г	Р	Е	Б	С	Й	А	Н	И	Л	О	Д	С	О
Ж	И	Ь	О	Р	Ч	Ш	Ш	К	Х	П	Ю	Д	Ч	Т	К
Є	М	О	Р	Е	Ґ	П	Ь	О	Р	Ц	Н	О	Т	Е	Е
Д	К	І	Е	Ш	Х	О	Ч	Т	Р	О	І	Ь	Х	Л	А
Т	Ь	П	Т	У	Н	Д	Р	А	І	В	Ь	Л	Ь	Я	Н
С	И	З	А	О	М	П	Ц	З	Ч	І	Т	М	И	Ф	А
Я	Ь	Ю	Ш	Г	Ю	Д	О	М	К	Ц	Ю	Ц	Ф	І	К
С	Р	О	С	Ж	О	Я	Ф	И	А	Ц	В	Т	Ч	С	Л
Ч	І	Д	Ь	В	І	Р	Т	С	О	В	І	П	Д	В	У
У	К	С	И	Я	Є	Я	Б	О	Р	А	Ю	П	Ь	П	В

ВОДОСПАД
ПЕЧЕРА
ПАГОРБ
ПУСТЕЛЯ
ЛЬОДОВИК
ЗАТОКА
АЙСБЕРГ
ОСТРІВ
ОЗЕРО
МОРЕ
ГОРА
ОАЗИС
ОКЕАН
БОЛОТО
ПІВОСТРІВ
ПЛЯЖ
РІЧКА
ТУНДРА
ДОЛИНА
ВУЛКАН

30 - Dança

К	С	І	Є	И	Ц	О	В	Т	Ц	Е	Т	С	И	М	П
Щ	У	Х	К	О	І	М	Я	І	Ц	И	Т	Е	П	Е	Р
К	І	Л	Б	Л	М	Г	Ш	Л	Ь	Щ	Е	Г	Е	Ц	Д
Т	Ґ	Р	Ь	У	А	П	П	О	Ч	М	Ш	Ж	К	Л	С
М	А	Г	Ж	Т	У	С	Г	А	К	А	Д	Е	М	І	Я
В	Х	Г	Ф	К	У	Ґ	И	Ю	В	Ч	У	Й	Т	Ч	Х
Е	М	О	Ц	І	Я	Р	П	Ч	Ж	А	Є	И	И	Ц	О
Ж	Е	И	Є	Т	А	Е	А	М	Н	Т	Т	Н	Р	Т	Р
Ґ	О	Н	Е	С	Н	Н	М	У	Ш	И	Ц	С	Р	Ш	Е
Ж	Ж	Н	Ч	Н	Ь	Т	Р	З	Ю	В	Й	І	О	Б	О
Л	И	К	Ґ	М	Б	Р	У	И	М	І	Є	Д	А	П	Г
О	Т	Н	Г	Ж	Ф	А	Х	К	Б	Ґ	Ю	А	И	Р	Р
Д	К	Є	С	І	В	П	У	А	А	П	Ю	Р	Ц	Ч	А
В	Л	Г	Е	С	Щ	Б	Л	А	Г	О	Д	А	Т	Ь	Ф
Т	Р	А	Д	И	Ц	І	Й	Н	И	Й	В	Х	Е	Ф	І
Д	Ч	К	У	Л	Ь	Т	У	Р	Н	И	Й	Г	У	А	Я

АКАДЕМІЯ
РАДІСНИЙ
МИСТЕЦТВО
КЛАСИЧНИЙ
ХОРЕОГРАФІЯ
ТІЛО
КУЛЬТУРА
КУЛЬТУРНИЙ
ЕМОЦІЯ
РЕПЕТИЦІЯ
БЛАГОДАТЬ
РУХ
МУЗИКА
ПАРТНЕР
ПОСТАВА
РИТМ
ТРАДИЦІЙНИЙ

31 - Nutrição

К	А	Л	О	Р	І	Й	З	Д	Т	Ї	Т	Я	Т	І	Ж
І	А	Р	О	М	А	Т	Д	І	Р	С	О	А	Т	В	Р
Ґ	Ґ	Г	Н	Є	В	И	О	Є	А	Т	К	Х	Ф	Л	П
В	И	К	А	С	І	Т	Р	Т	В	І	С	Ч	С	Ж	Ц
К	Р	Т	Д	В	Т	Е	О	А	Л	В	И	Е	В	Х	С
Н	И	Ч	Е	И	А	П	В	О	Е	Н	Н	І	Ж	Г	О
А	В	Е	М	П	М	А	И	В	Н	И	К	Л	І	Б	У
Я	Й	Я	К	Ю	І	Г	Й	Т	Н	Й	П	Т	Б	Х	С
В	И	И	К	Д	Н	Ь	М	Ю	Я	Д	Д	О	Р	Л	М
О	К	Л	Н	Я	К	І	С	Т	Ь	Ґ	М	Д	О	Р	И
Р	Р	Ф	О	В	Ш	Ж	У	Н	Є	И	Н	И	Д	І	Р
О	І	И	Ь	В	И	П	Щ	Т	Є	Г	Р	Щ	І	У	И
Д	Г	К	Г	Т	К	Ж	Х	П	Ж	Ц	Щ	С	Н	П	К
З	Б	А	Л	А	Н	С	О	В	А	Н	И	Й	Н	І	Ч
Н	В	О	У	М	Ь	Я	Л	П	О	С	Л	В	Я	І	М
В	У	Г	Л	Е	В	О	Д	І	В	С	Є	В	І	В	А

ГІРКИЙ
АПЕТИТ
КАЛОРІЙ
ВУГЛЕВОДІВ
ЇСТІВНИЙ
ДІЄТА
ТРАВЛЕННЯ
ЗБАЛАНСОВАНИЙ
БРОДІННЯ
РІДИНИ
СОУС
ПОЖИВНИЙ
ВАГА
БІЛКИ
ЯКІСТЬ
АРОМАТ
ЗДОРОВИЙ
ЗДОРОВ'Я
ТОКСИН
ВІТАМІН

32 - Energia

Ш	М	М	Л	О	И	С	Е	Р	Е	Д	О	В	И	Щ	Е
П	О	Д	І	А	Й	И	Ш	Б	А	Л	Б	В	Ь	Ь	Щ
Е	Л	Е	К	Т	Р	И	Ч	Н	И	Й	Е	М	А	Е	Ц
Т	П	Ф	О	Т	О	Н	Н	О	И	Ю	Н	О	Ц	О	Д
Ф	Е	В	І	Т	Е	Р	Ю	Р	С	Ш	З	Ф	Ь	В	И
Ф	Т	С	О	Н	Ц	Е	П	Т	Е	Ь	И	Ц	М	И	З
Т	У	Р	Б	І	Н	А	Є	К	А	Д	Н	У	К	Л	Е
В	Я	І	П	О	Р	Т	Н	Е	С	П	Я	Ш	Х	А	Л
Б	У	І	Т	С	О	В	О	Л	С	И	М	О	Р	П	Ь
В	А	Г	А	Т	Я	Н	Н	Е	Н	Д	У	Р	Б	А	З
О	Д	Т	Л	И	Л	І	И	Х	Ж	М	Ч	Л	И	Ж	Щ
Д	В	Х	А	Е	Т	Е	К	Х	Ж	Г	Ш	У	А	В	Ф
Е	И	Д	Х	Р	Ц	Ф	І	Е	Х	Ж	Ж	Л	Т	Т	О
Н	Г	Ь	Л	Щ	Е	Ь	К	Г	Б	І	Ґ	А	Ґ	О	А
Ь	У	Щ	Щ	Ц	Ф	Я	Р	Ф	И	І	А	К	И	Ґ	Я
Е	Н	Ц	П	О	Н	О	В	Л	Ю	В	А	Н	И	Х	Т

СЕРЕДОВИЩЕ
БАТАРЕЯ
ТЕПЛО
ВУГЛЕЦЬ
ПАЛИВО
ДИЗЕЛЬ
ЕЛЕКТРИЧНИЙ
ЕЛЕКТРОН
ЕНТРОПІЯ
ФОТОН
БЕНЗИН
ВОДЕНЬ
ПРОМИСЛОВОСТІ
ДВИГУН
ЯДЕРНИЙ
ЗАБРУДНЕННЯ
ПОНОВЛЮВАНИХ
СОНЦЕ
ТУРБІНА
ВІТЕР

33 - Disciplinas Científicas

З	Ч	Л	Т	И	Я	І	Г	О	Л	О	Е	Г	А	М	Ф
О	В	Л	І	Е	Ц	Є	Ч	Я	Щ	Е	К	І	Р	І	І
О	Н	В	Ч	Н	Р	Е	Я	Х	Я	К	О	Т	Х	Н	З
Л	Ґ	У	С	К	Г	М	Д	Г	І	Ш	Л	Ґ	Е	Е	І
О	Е	Є	Ш	І	Ш	В	О	О	Б	О	О	Є	О	Р	О
Г	А	П	У	Н	И	У	І	Д	Д	Х	Г	Ц	Л	А	Л
І	П	С	У	Е	Е	Н	Е	С	И	Ю	І	П	О	Л	О
Я	М	Е	Ч	З	І	Л	Е	М	Т	Н	Я	О	Г	О	Г
Б	У	Р	С	І	Ч	Ю	І	В	О	И	А	М	І	Г	І
І	Я	І	М	О	Т	А	Н	А	Р	И	К	М	Я	І	Я
О	Я	Н	Г	Л	О	Р	П	У	Ц	О	Ґ	А	І	Я	Х
Х	Я	І	М	О	Н	О	Р	Т	С	А	Л	У	О	К	С
І	М	Я	І	Г	О	Л	О	І	Б	П	Ш	О	И	И	А
М	М	А	К	І	Н	А	Т	О	Б	П	Ф	Ц	Г	Ц	Б
І	Х	Ш	Т	Я	І	М	І	Х	М	Ж	Т	Ч	Ж	І	І
Я	М	Е	Т	Е	О	Р	О	Л	О	Г	І	Я	В	О	Я

АНАТОМІЯ
АРХЕОЛОГІЯ
АСТРОНОМІЯ
БІОЛОГІЯ
БІОХІМІЯ
БОТАНІКА
КІНЕЗІОЛОГІЯ
ЕКОЛОГІЯ
ФІЗІОЛОГІЯ
ГЕОЛОГІЯ
ЛІНГВІСТИКА
МЕТЕОРОЛОГІЯ
МІНЕРАЛОГІЯ
НЕВРОЛОГІЯ
ХІМІЯ
ТЕРМОДИНАМІКА
ЗООЛОГІЯ

34 - Meditação

Н	В	С	Ф	Р	В	Ч	Е	Н	Н	Я	Н	Щ	В	П	П
Н	Б	П	Ц	Щ	О	П	Р	И	Й	Н	Я	Т	Т	Я	Р
И	А	І	Ґ	Д	У	З	Л	Л	Л	Ь	Ю	Д	Я	Ю	О
Б	І	В	И	Р	У	Х	У	А	О	Р	Е	Г	И	Е	К
Є	К	Ч	У	І	О	М	Ф	М	А	Щ	Г	Ц	Г	Ж	И
Ґ	М	У	Ф	О	Ґ	К	О	У	О	А	Г	А	В	У	Н
Ф	Ь	Т	И	І	О	Є	Я	З	Є	В	Б	Л	Е	Н	У
П	И	Т	Д	Н	Я	У	Ґ	О	Я	А	И	Ц	М	Ф	Т
М	О	Я	М	Т	Я	Ш	С	Р	Н	Т	Ь	Й	О	П	И
Б	И	Д	Л	Ч	Ь	Т	С	І	Н	С	Я	Ч	Ц	Р	С
Е	Л	Р	Я	Щ	Ц	Ю	У	Ш	Р	О	Ш	Т	І	И	Я
Ж	Є	Х	С	К	Ґ	Г	Ш	Є	О	П	Ч	И	Ї	Р	Р
А	Т	Ц	Я	Ж	А	Т	О	Р	Б	О	Д	Ч	Г	О	Ф
П	Е	Р	С	П	Е	К	Т	И	В	А	Ш	И	Т	Д	Ц
Ф	С	П	О	С	Т	Е	Р	Е	Ж	Е	Н	Н	Я	А	Ю
М	У	З	И	К	А	К	Ж	Г	Я	Д	У	М	К	И	В

ПРИЙНЯТТЯ
ПРОКИНУТИСЯ
УВАГА
ДОБРОТА
ЯСНІСТЬ
СПІВЧУТТЯ
ЕМОЦІЇ
ВЧЕННЯ
ПОДЯКА
РОЗУМОВИЙ
РОЗУМ
РУХ
МУЗИКА
ПРИРОДА
СПОСТЕРЕЖЕННЯ
МИР
ДУМКИ
ПЕРСПЕКТИВА
ПОСТАВА
ТИША

35 - Artes Visuais

М	Л	О	Х	Ж	У	А	К	Ч	Р	В	Е	Д	Е	Ш	Т
Н	О	Х	Ґ	Ф	Ж	И	Ш	Е	М	У	Т	А	Ц	Г	Р
Ц	В	Л	Г	М	Ж	Я	Ю	Ч	Р	М	Ч	Л	Б	М	А
Ш	И	П	Ь	У	У	Д	К	Ц	Г	А	Ж	К	Ж	Ш	Ф
Х	В	Ф	В	Б	Д	В	Ґ	Х	А	Є	М	С	А	Х	А
П	Е	Ч	У	Ф	Е	К	Р	Е	Й	Д	А	І	У	Ф	Р
Е	Ь	Є	Л	С	Х	Р	Ь	В	Р	П	Н	Ь	К	Ч	Е
Р	Ш	І	Ю	Я	Ц	В	Т	І	Л	Ґ	И	Б	И	А	Т
С	О	Л	І	В	Е	Ц	Ь	С	А	Ш	Л	Л	Н	Г	У
П	Н	М	У	Х	Ю	Ш	І	К	К	Є	Г	Д	Ж	С	Б
Е	А	Р	Х	І	Т	Е	К	Т	У	Р	А	Ю	О	Т	Ґ
К	Ю	А	Ґ	Ц	Е	Т	Ф	І	Л	Ь	М	Ж	Д	Ч	Е
Т	Е	Р	Т	Р	О	П	Ч	Ю	Ч	М	Ш	Х	У	Ь	Л
И	Ф	О	Т	О	Г	Р	А	Ф	І	Я	О	М	Х	Р	Ю
В	С	К	У	Л	Ь	П	Т	У	Р	А	Ю	А	Д	П	Ф
А	Е	Т	Ч	Р	А	Д	Т	В	О	Р	Ч	І	С	Т	Ь

ГЛИНА
АРХІТЕКТУРА
ХУДОЖНИК
РУЧКА
МОЛЬБЕРТ
ВІСК
КЕРАМІКА
СКЛАД
ТВОРЧІСТЬ
СКУЛЬПТУРА
ТРАФАРЕТ
ФІЛЬМ
ФОТОГРАФІЯ
КРЕЙДА
ОЛІВЕЦЬ
ШЕДЕВР
ПЕРСПЕКТИВА
ПОРТРЕТ
ЛАК

36 - Moda

Е	Ь	Б	П	Є	О	Ш	Ж	Ш	Б	К	Т	М	Щ	С	С
Д	Ґ	А	Р	У	Т	С	К	Е	Т	Д	Е	Я	Щ	Я	У
Г	Я	Д	О	В	И	Ж	Е	Р	Е	М	Н	Л	И	М	Ч
Х	Я	М	С	Т	К	А	Н	И	Н	А	Д	Ц	Я	Ж	А
Р	І	Ь	Т	Д	О	Р	О	Г	О	Х	Е	К	Х	У	С
Ш	Ш	К	И	Я	И	М	Ю	Я	М	И	Н	О	А	О	Н
Л	Я	Н	Й	И	Н	М	О	Р	К	С	Ц	М	Ж	Р	И
М	Л	О	И	Д	Е	Н	Ь	Н	Ґ	Г	І	Ф	Щ	И	Й
Щ	Е	П	Н	А	К	Б	А	Л	О	Д	Я	О	Т	Г	И
Ь	Ц	К	Т	В	И	Ш	И	В	К	А	Я	Р	С	І	Ц
М	К	И	Н	А	Т	У	Н	Д	Ю	Ф	Ґ	Т	Т	Н	Х
Ю	Д	А	А	Ь	У	Ґ	Х	Ь	Ж	Р	Щ	Н	И	А	Ж
Р	Ю	У	Г	П	Б	І	Ф	В	А	Е	І	О	Л	Л	Е
Щ	Ґ	Б	Е	Ч	Х	Ю	Ю	Х	Г	Ґ	Ґ	М	Ь	В	Щ
Л	И	А	Л	Л	Щ	О	Н	Я	В	Н	В	О	И	Ю	В
Ж	Г	Щ	Е	П	Р	А	К	Т	И	Ч	Н	И	Й	В	И

ВИШИВКА
КНОПКИ
БУТИК
ДОРОГО
КОМФОРТНО
ЕЛЕГАНТНИЙ
СТИЛЬ
ВИМІРЮВАННЯ
СУЧАСНИЙ
СКРОМНИЙ
ОРИГІНАЛ
ПРАКТИЧНИЙ
МЕРЕЖИВО
ОДЯГ
ПРОСТИЙ
ТКАНИНА
ТЕНДЕНЦІЯ
ТЕКСТУРА

37 - Instrumentos Musicais

В	І	О	Л	О	Н	Ч	Е	Л	Ь	Ґ	Ю	Л	Г	С	Ґ
Д	Ь	Ь	В	Ж	Х	Ц	Я	Щ	Я	І	О	Т	А	К	Я
Ш	Е	Ш	И	Ю	Т	О	М	И	Л	Е	К	Л	Р	Р	О
Ь	М	Е	Е	В	Ь	Щ	Ж	В	Р	П	Е	М	М	И	Ж
А	Р	Ф	А	Н	І	Л	О	Д	Н	А	М	Г	О	П	Б
Т	О	Г	А	Ф	О	И	О	Ж	Н	Р	Б	О	Н	К	У
Й	О	Б	О	Г	Н	А	Б	А	Р	А	Б	М	І	А	Б
Е	Щ	Б	Щ	С	А	Е	Р	Ґ	Ж	Т	Б	І	К	О	О
Л	А	Д	Х	М	Ф	Т	М	У	В	І	Ю	Л	А	Г	Н
Ф	Р	Т	Е	Р	С	Щ	М	С	Г	Г	Ж	К	О	Ф	О
Є	Т	У	Е	Т	Р	О	М	Б	О	Н	Е	И	Ц	Ш	Ф
Щ	Ж	Ґ	О	Н	А	І	П	Е	Т	Р	О	Ф	Ж	В	О
К	Е	Н	Р	Т	Р	У	Б	А	Ц	Щ	Б	Г	В	К	С
Х	Ґ	Л	Н	Ц	А	А	К	А	Ґ	Ц	Ґ	Т	Л	Т	К
Х	И	Ю	Л	Д	Д	Т	Л	Б	Г	Х	В	Ж	Ф	Ь	А
Ґ	К	Ф	Р	П	У	О	Т	К	М	Щ	Щ	Ь	И	Ч	С

МАНДОЛІНА
БАНДЖО
ГОМІЛКИ
КЛАРНЕТ
ФАГОТ
ФЛЕЙТА
ГАРМОНІКА
ГОНГ
АРФА
ГОБОЙ
БУБОН
УДАР
ФОРТЕПІАНО
САКСОФОН
БАРАБАН
ТРОМБОН
ТРУБА
ГІТАРА
СКРИПКА
ВІОЛОНЧЕЛЬ

38 - Adjetivos #2

В	С	Г	Т	Ф	Н	Ґ	Ю	Ч	К	Ь	С	Т	Ь	П	Х
І	Н	П	А	І	Б	Г	В	Ц	С	А	У	О	О	К	Н
Д	О	О	Р	Р	Л	Я	І	А	П	Т	Х	В	С	Є	В
О	П	Ґ	Р	А	Я	І	Я	Т	М	Щ	И	С	К	І	М
М	И	Ч	Ю	М	В	Ч	Ю	В	П	Ж	Й	Т	О	О	Л
И	С	С	Е	Н	А	Ж	Е	Г	В	Н	Л	И	Е	Р	Ь
Й	О	О	Л	Ш	Л	Л	Н	Ц	П	Б	Я	Й	С	А	Г
И	В	Л	Е	Ф	Ґ	М	Ь	І	Я	Ш	С	Ь	Л	Й	Ч
Ч	И	О	Г	И	Г	Р	У	Н	М	Ч	И	С	Т	И	Й
Р	Й	Н	А	Г	Н	Х	Ф	Л	И	Д	А	Ґ	Ч	Н	И
О	Щ	И	Н	О	Д	И	К	И	Й	Й	Ф	Ф	Н	Ь	В
В	Т	Й	Т	Р	Ь	Ц	І	К	А	В	И	Й	И	Л	О
Т	Й	И	Н	Д	О	Р	И	Р	П	Ґ	Т	В	Ц	И	Р
Ь	Ґ	В	И	И	Я	О	Т	І	Ц	Н	А	І	К	С	О
Ю	І	О	Й	Й	И	Н	А	В	О	Р	А	Д	Б	О	Д
Й	И	Н	В	И	Т	К	У	Д	О	Р	П	Ш	Ґ	Щ	З

СПРАВЖНІМ
ТВОРЧИЙ
ОПИСОВИЙ
ОБДАРОВАНИЙ
ЕЛЕГАНТНИЙ
ВІДОМИЙ
СИЛЬНИЙ
ТОВСТИЙ
ЦІКАВИЙ
ПРИРОДНИЙ
НОРМАЛЬНИЙ
НОВИЙ
ГОРДИЙ
ПРОДУКТИВНИЙ
ЧИСТИЙ
ГАРЯЧЕ
СОЛОНИЙ
ЗДОРОВИЙ
СУХИЙ
ДИКИЙ

39 - Roupas

Л	Р	Л	Н	Ь	Г	Т	Л	С	Н	А	Ч	Ю	Н	Ш	И
С	У	С	Ж	У	Д	У	С	Ю	О	А	Н	Ч	Я	Т	Л
А	К	Д	Ч	Г	Ж	Є	У	Е	М	Р	М	Б	И	А	Е
Н	А	Ж	В	У	И	П	Ц	Ж	Щ	Ь	О	И	Л	Н	Ь
Д	В	А	Е	Ю	Н	Е	Я	Е	Д	Ж	Ш	Ч	С	И	Н
А	И	Н	П	Є	С	Ґ	Л	М	М	О	Д	А	К	Т	Ю
Л	Ч	Ц	И	Ч	И	К	Т	Е	П	Р	А	К	Ш	А	О
І	К	К	А	П	Е	Л	Ю	Х	Ь	Я	Т	Т	А	Л	П
Т	И	Н	Ж	В	Б	Ь	М	С	М	Ф	Д	Р	Ш	Є	В
Ш	Я	Я	Р	П	І	Ж	А	М	А	К	З	У	Л	Б	Х
Ф	П	К	Р	Т	Е	Л	С	А	Р	Б	Є	К	П	Л	Ц
А	У	Ю	К	Ь	Е	Л	Р	О	Е	Д	Т	Ь	Х	Ш	А
Р	Ь	В	Ш	Е	П	В	З	У	Т	Т	Я	Н	Ш	Ґ	М
Т	Г	К	Ш	В	Ь	Ц	С	С	П	І	Д	Н	И	Ц	Я
У	П	А	Л	Ь	Т	О	Ш	Е	П	О	Я	С	Ф	Ф	Ь
Х	Х	Г	Я	І	Т	М	Г	П	Є	П	И	С	Г	М	Т

ФАРТУХ
БЛУЗКА
ШТАНИ
СОРОЧКА
ПАЛЬТО
КАПЕЛЮХ
ПОЯС
НАМИСТО
КУРТКА
ДЖИНСИ
РУКАВИЧКИ
ШКАРПЕТКИ
МОДА
ПІЖАМА
БРАСЛЕТ
СПІДНИЦЯ
САНДАЛІ
ВЗУТТЯ
СВЕТР
ПЛАТТЯ

40 - Herbalismo

Ж	Ґ	Ь	К	Г	В	А	С	И	Л	Ь	Я	Є	Щ	С	Ц
Ь	Ж	П	В	П	Е	Т	Р	У	Ш	К	А	Я	А	Р	Я
Ц	Г	Е	І	Я	К	Ю	Ь	Д	Я	Ч	Е	Б	Ж	І	Х
Е	С	Д	Т	Н	Є	І	Д	Е	Р	Г	Н	І	А	И	И
Р	С	Ч	К	Ф	Ч	А	С	Н	И	К	И	Й	Р	Л	Е
Б	Д	Т	А	Ж	Е	О	Т	О	К	С	Р	И	О	С	Ю
Е	Ю	Л	Р	Е	Я	Н	Ш	А	Ф	Р	А	Н	М	Ф	М
Ч	Б	У	А	А	А	Ш	Х	Д	Т	Ж	М	Д	А	С	А
Є	М	Л	А	В	Г	Д	Є	Е	М	К	З	І	Т	Х	Й
Ч	И	В	М	Ю	А	О	Г	Р	Л	Р	О	Г	І	Л	О
Я	К	І	С	Т	Ь	Н	Н	Х	Ф	Ь	Р	И	Х	Я	Р
И	Т	Ч	К	К	А	И	Д	Ж	Ц	Б	С	В	П	В	А
З	Е	Л	Е	Н	И	Й	Ю	А	Н	И	Л	С	О	Р	Н
А	Р	О	М	А	Т	И	Ч	Н	И	Й	Ь	С	У	Є	Є
П	Є	К	О	Р	І	А	Н	Д	Р	С	В	У	Д	Ь	К
І	В	Ж	П	Я	Я	Т	И	С	С	О	Я	Ф	Е	Щ	Д

ШАФРАН
РОЗМАРИН
ЧАСНИК
АРОМАТИЧНИЙ
ВИГІДНИЙ
КОРІАНДР
ЕСТРАГОН
КВІТКА
ФЕНХЕЛЬ
ІНГРЕДІЄНТ
САД
ЛАВАНДА
ВАСИЛЬ
МАЙОРАН
РОСЛИНА
ЯКІСТЬ
АРОМАТ
ПЕТРУШКА
ЧЕБРЕЦЬ
ЗЕЛЕНИЙ

41 - Arqueologia

К	У	Т	Є	В	І	К	О	Р	О	С	Е	Ф	О	Р	П
І	Ж	К	Є	Ч	В	О	Є	Ш	Б	А	Н	А	Л	І	З
С	М	Ь	В	Т	С	М	Ж	Д	Є	О	Ь	П	И	Ш	О
Т	О	Е	К	Т	Б	А	З	С	К	И	Ж	Ш	Б	Щ	И
К	Ц	М	Р	С	Х	Н	П	А	Т	Р	Е	П	С	К	Е
И	І	Р	Ь	А	Щ	Д	М	Б	Б	М	А	Є	Л	И	Ц
И	Н	Ж	Ш	Ч	Х	А	О	Ґ	Є	У	И	Ь	Д	Н	И
О	К	В	Я	В	Ш	У	К	Ю	Т	Я	Т	Г	Б	Д	В
Я	А	Е	І	Н	А	Щ	А	Д	К	А	Н	И	І	І	І
Ц	П	Ц	В	И	Р	Н	І	Щ	М	Л	Е	Л	Й	Л	Л
И	М	Л	К	І	М	Ж	Я	Ч	Ґ	И	М	Щ	В	С	І
Н	Е	В	І	Д	О	М	И	Й	Н	Г	Г	А	Н	О	З
М	Т	У	Л	Ч	А	Т	Я	Х	Я	О	А	П	Р	Д	А
Є	А	И	Е	С	Х	Е	Е	К	Ь	М	Р	Ч	Ж	Х	Ц
А	С	В	Р	А	Е	Ц	В	П	П	В	Ф	Г	Л	А	І
Т	В	И	К	О	П	Н	И	Й	Є	Ь	Х	Ь	Ф	Ю	Я

АНАЛІЗ
РОКІВ
ОЦІНКА
ЦИВІЛІЗАЦІЯ
НАЩАДКА
НЕВІДОМИЙ
КОМАНДА
ЕРА
ЕКСПЕРТ
ЗАБУТИЙ
ВИКОПНИЙ
ФРАГМЕНТИ
ДОСЛІДНИК
ТАЄМНИЦЯ
ОБ'ЄКТ
КІСТКИ
ПРОФЕСОР
РЕЛІКВІЯ
ХРАМ
МОГИЛА

42 - Esporte

Д	Щ	К	М	Д	Ф	Х	Х	Ш	М	Т	Е	Ю	И	П	Х
О	Е	Є	Г	С	С	Д	К	Ю	Я	В	О	Р	О	Д	З
Я	Н	Н	А	В	У	Г	Я	Т	З	О	Р	Ц	Х	О	Р
І	Й	С	П	О	Р	Т	Ь	И	И	Б	К	С	В	М	У
Ф	И	Ь	Ь	Л	У	Я	Н	Н	А	В	У	Ч	Р	А	Х
Г	Н	Є	Х	І	В	К	Н	Л	М	С	Ж	Я	О	К	К
Д	Ч	Т	Д	Т	В	Г	Е	Д	В	Ц	Ч	Ь	Ь	С	І
П	І	Ф	Ц	У	Ю	А	М	Е	Т	У	Л	Х	Ь	И	С
Ф	Л	Є	Ш	Ф	К	Ь	С	В	А	А	Л	И	С	М	Т
П	О	Ь	Т	С	І	Н	Т	А	Д	З	Н	Ц	П	І	К
Б	Б	Ґ	Ц	А	М	А	Р	Г	О	Р	П	Ц	К	З	И
И	А	О	Ч	В	І	Т	О	Б	І	Г	Е	Ґ	І	У	И
Д	Т	Ь	Е	Є	Ц	О	П	І	А	Ю	С	Р	А	В	Е
Ж	Е	Ь	Х	Д	І	Р	С	Т	Р	Е	Н	Е	Р	А	О
Ф	М	В	И	Т	Р	И	В	А	Л	І	С	Т	Ь	Т	Ч
Ф	Ґ	Р	Н	Ж	Ц	Я	М	Е	Т	А	І	О	Х	И	Ф

РОЗТЯГУВАННЯ
СПОРТСМЕН
ЗДАТНІСТЬ
ТІЛО
ТАНЦІ
ДІЄТА
СПОРТ
СИЛА
БІГ
МАКСИМІЗУВАТИ

МЕТАБОЛІЧНИЙ
М'ЯЗИ
ХАРЧУВАННЯ
МЕТА
КІСТКИ
ПРОГРАМА
ВИТРИВАЛІСТЬ
ЗДОРОВ'Я
ТРЕНЕР

43 - Agronomia

Ю	Ц	Ф	У	Т	С	Е	И	Б	Т	О	О	М	Н	Н	С
Ж	Ш	Е	І	Д	Т	Я	Н	Н	А	Т	С	О	Р	З	Е
С	И	С	Т	Е	М	И	И	Е	С	Т	Є	Ф	Ф	Д	Р
Е	Р	О	З	І	Я	Є	Л	І	Р	Ґ	Щ	Б	Х	Ц	Е
В	Р	О	Я	Б	Я	Д	С	Р	Г	Г	Л	Д	Б	О	Д
С	И	Ф	І	Ж	Е	Ж	О	Я	Х	Н	І	Ч	О	В	О
І	М	Р	Г	І	Є	Л	Р	Б	В	Р	І	Я	Н	Т	В
Л	Х	У	О	Д	У	М	Н	О	Р	К	Д	Ф	А	С	И
Ь	Х	У	Л	Б	И	Е	Б	Ж	В	И	Є	Т	У	Р	Щ
С	В	А	О	І	Н	Р	Ж	Є	І	Ж	В	О	К	А	Е
Ь	Ж	В	К	Ю	Х	И	Ґ	Б	У	М	Г	О	А	Д	Ш
К	Ф	Х	Е	Щ	А	Х	Ц	В	О	Д	А	И	І	О	Ґ
И	М	Е	Х	Ю	Н	К	С	Т	П	Ч	И	Ч	К	П	Р
Й	Ь	Ф	К	К	Ґ	П	П	І	В	Ґ	Ю	Щ	Б	С	У
О	Р	Г	А	Н	І	Ч	Н	И	Й	О	С	Р	Щ	О	Н
Н	А	С	І	Н	Н	Я	Х	В	О	Р	О	Б	А	Г	Т

ГОСПОДАРСТВО
СЕРЕДОВИЩЕ
ВОДА
НАУКА
ЗРОСТАННЯ
ХВОРОБА
ЕКОЛОГІЯ
ЕНЕРГІЯ
ЕРОЗІЯ
ДОБРИВО
ОВОЧІ
ОРГАНІЧНИЙ
РОСЛИНИ
ВИРОБНИЦТВО
СІЛЬСЬКИЙ
НАСІННЯ
СИСТЕМИ
ҐРУНТ

44 - Frutas

Ш	Е	К	П	Ж	Д	Ь	Х	Ц	Ь	К	К	Ц	Ф	В	Б
Ш	А	М	І	А	Н	И	Ж	О	П	Ш	І	Г	Е	И	А
Г	І	У	Й	Д	П	М	А	Н	Г	О	В	М	Л	Ш	Н
Є	Ю	С	И	О	У	А	О	Ц	І	С	І	Ж	И	Н	А
К	Ф	Ш	В	Г	Е	Н	Й	Ь	Ф	И	У	И	М	Я	Н
Ш	Р	Х	Е	Я	Ш	И	Ц	Я	Ц	Г	И	Ц	О	Щ	И
Л	У	А	Ж	І	К	Л	Б	В	Б	Щ	Ґ	К	Н	Є	Р
Л	Є	Г	Н	О	Д	А	Р	Г	О	Н	И	В	І	О	А
Ц	Є	Р	А	А	Ф	М	І	Ж	Х	Ґ	Ж	В	Щ	С	Т
І	Х	У	Р	Г	Н	Е	В	С	В	Г	Ц	Ч	Ґ	С	К
І	У	Ш	О	С	Б	А	Г	О	И	И	С	В	Є	Ґ	Е
К	А	А	Ф	Р	К	И	С	Р	Е	П	І	К	Ю	Н	Н
О	О	О	Р	И	Я	И	Щ	А	В	О	К	А	Д	О	К
Є	Т	К	А	Б	Р	И	К	О	С	С	И	Ф	Ц	У	Ю
Е	В	Т	О	И	Т	Л	П	Ґ	Я	Б	Л	У	К	О	П
Щ	Г	Ч	Ж	С	Ю	Б	Л	Ф	В	П	Б	Б	Н	Ь	І

АВОКАДО
АНАНАС
ОЖИНА
ЯГОДА
БАНАН
ВИШНЯ
КОКОС
АБРИКОС
ФІГ
МАЛИНА
КІВІ
ОРАНЖЕВИЙ
ЛИМОН
ЯБЛУКО
ПАПАЙЯ
МАНГО
НЕКТАРИН
ГРУША
ПЕРСИК
ВИНОГРАД

45 - Corpo Humano

Ґ	П	Ф	Ж	І	Щ	Е	Л	Е	П	А	Н	І	Л	О	К
К	Ц	Н	Ю	Х	А	П	М	О	Р	У	Ґ	У	Я	Г	Ж
П	Ю	И	Ж	О	Ю	Л	О	Б	П	А	Л	Е	Ц	Ь	О
І	Ж	У	Х	А	М	О	З	О	К	К	В	Є	Ш	Ю	М
Д	Ь	У	Щ	Ц	П	Р	Є	О	Д	У	Р	Т	К	Є	М
Б	Ф	Ц	Ґ	Л	А	С	Х	Ж	Т	Р	К	Ш	В	Р	Ж
О	П	Ч	Р	В	Х	Л	И	Т	Ю	Б	Д	Г	Х	Щ	Ж
Р	Н	Ц	М	Щ	П	І	Ґ	Ш	Ф	С	Ц	В	Ц	Т	Р
І	Н	Щ	И	К	О	Л	О	Т	К	И	Ш	У	Ч	У	Ґ
Д	О	Д	Т	Н	Д	Б	Г	Ч	Ф	И	Ю	Х	П	Я	Я
Д	Г	П	Е	Ч	Е	Л	П	Є	Д	Ь	Т	О	К	І	Л
Я	А	Я	Ф	Ц	М	У	Я	В	Ч	П	Н	Ь	В	Р	М
Б	К	Ш	К	І	Р	А	В	О	Л	О	Г	І	Ф	Я	Ю
О	К	О	Е	Г	Ш	Е	Ч	Р	Р	О	Т	У	С	У	Н
Є	Є	Ь	О	Ц	С	И	С	К	К	Ш	Л	Л	Б	Т	П
Ж	А	Д	Є	Н	Х	Д	Я	М	Л	І	С	А	Ю	Ш	О

РОТ
ГОЛОВА
МОЗОК
СЕРЦЕ
ЛІКОТЬ
ПАЛЕЦЬ
КОЛІНА
ЩЕЛЕПА
РУКА
НІС
ОКО
ПЛЕЧЕ
ВУХО
ШКІРА
НОГА
ШИЯ
ПІДБОРІДДЯ
КРОВ
ЛОБ
ЩИКОЛОТКИ

46 - Caminhada

Н	Ю	Ґ	Ю	Н	И	Т	Г	Н	Ґ	Ч	І	У	Т	Г	О
И	Е	У	Ш	Ф	У	М	Д	Р	Д	О	И	Ь	Х	Р	Р
Р	Ц	Б	Р	Ц	Ц	Ч	Ц	Г	Ц	М	А	П	Д	Г	І
А	Н	К	Е	Є	Г	Г	Ч	І	Х	І	Г	М	С	Є	Є
В	О	Я	А	З	П	І	Д	Г	О	Т	О	В	К	А	Н
Т	С	Ф	Є	М	П	Р	Б	Ю	М	Н	Д	Ш	Ч	Д	Т
Ґ	Ш	А	Д	Ц	Е	Е	К	Ю	І	С	Е	Ю	Е	О	А
Ч	О	Б	О	Т	И	Н	К	Г	О	Д	Н	И	К	Р	Ц
Я	У	Л	Р	Л	Т	Д	І	И	К	Р	А	П	А	И	І
С	О	Р	Д	Б	Щ	И	Є	Б	С	Ь	Р	Н	Р	Р	Я
В	А	Ж	К	И	Й	К	Д	У	А	Д	О	В	Т	П	П
И	Л	Г	Ю	М	І	И	Е	Ю	М	В	Г	К	А	Ґ	О
М	Б	Е	А	Ц	Х	Й	Г	Н	І	П	М	Е	К	И	Г
О	И	Ч	А	Ж	Т	У	Ю	Я	Т	А	М	І	Л	К	О
Т	Д	Ґ	Щ	М	Ч	Р	Я	Ь	Ю	Б	Е	С	К	Ч	Д
В	Ц	П	П	Ф	Ч	Т	Д	Л	И	І	Л	П	Д	Е	А

КЕМПІНГ
ТВАРИН
ВОДА
ЧОБОТИ
ВТОМИВСЯ
КЛІМАТ
САМІТ
КАРТА
ГОРА
ПРИРОДА
ОРІЄНТАЦІЯ
ПАРКИ
КАМЕНІ
НЕБЕЗПЕКИ
ВАЖКИЙ
ПІДГОТОВКА
ДИКИЙ
СОНЦЕ
ПОГОДА

47 - Biologia

С	П	А	Н	И	С	Е	Е	Т	І	З	Щ	Н	І	Б	К
Ф	С	Ґ	Ш	Щ	Ч	А	М	О	С	О	М	О	Р	Х	О
Б	О	А	О	Б	У	Р	Б	Ж	Ґ	І	Ж	К	Б	Х	Л
Ф	М	Т	В	С	Ц	Я	Р	Р	Ґ	Б	Ь	П	А	Ж	А
Ц	С	Щ	О	Е	Я	В	І	Р	Ь	М	Й	Т	К	Є	Г
Т	О	Ґ	Е	С	Ц	Ц	О	Ц	А	И	И	П	Т	Ц	Е
Я	Ч	К	О	Л	И	Ь	Н	Х	Ю	С	Н	Я	Е	И	Н
К	Ч	Я	Х	Ц	І	Н	Ц	А	С	Л	Д	Ж	Р	Н	О
Л	Я	І	Я	І	М	О	Т	А	Н	А	О	Н	І	Ґ	Р
Б	І	Л	О	К	Ю	М	Є	Е	Н	К	Р	В	Ї	Р	Й
Р	Ц	И	Ц	В	Д	Р	И	Ф	З	Р	И	Р	Е	П	Е
П	А	Т	Ш	Г	В	О	Ш	И	Т	І	Р	Е	Д	Г	Н
Г	Т	П	Ч	Ч	О	Г	О	С	П	М	П	Н	Ф	Ф	Р
Е	У	Е	П	С	Ц	М	Ж	Л	Ь	О	Ш	М	Р	И	Ю
І	М	Р	А	Ь	М	Л	Х	Ц	Е	К	Щ	Я	Ю	Б	Є
Ф	Е	Р	М	Е	Н	Т	Л	И	Х	Т	Л	Ж	С	Я	Р

АНАТОМІЯ
БАКТЕРІЇ
КОМІРКА
КОЛАГЕН
ХРОМОСОМА
ЕМБРІОН
ФЕРМЕНТ
ЕВОЛЮЦІЯ
ФОТОСИНТЕЗ
ГОРМОН
ССАВЕЦЬ
МУТАЦІЯ
ПРИРОДНИЙ
НЕРВ
НЕЙРОН
ОСМОС
БІЛОК
РЕПТИЛІЯ
СИМБІОЗ
СИНАПС

48 - Beleza

Ш	И	Б	Н	В	Б	П	Ю	Ю	Ж	Ь	В	Ь	К	Е	Б
У	А	Я	Щ	К	У	О	У	Ю	Я	К	Г	Ь	В	Л	Л
Т	Ж	Р	Г	П	О	С	Ш	К	І	Р	А	К	П	Е	А
А	Ц	Е	М	О	Г	Л	Х	І	К	І	Ґ	О	М	Г	Г
М	Є	Ч	Є	М	Л	У	Р	С	А	Ф	П	Л	М	А	О
О	Ф	У	С	А	Ґ	Г	Л	Н	М	М	Щ	І	Т	Н	Д
Р	Н	К	Б	Д	С	И	Т	К	У	Д	О	Р	П	Т	А
А	Щ	Д	Д	А	К	О	С	М	Е	Т	И	К	А	Н	Т
Д	Ґ	В	Н	И	Т	Я	І	Ц	И	Ж	О	Н	М	І	Ь
Є	З	Я	О	Н	Щ	Н	Л	Д	Ь	М	К	А	Щ	С	Є
Я	М	Е	Г	Є	Е	Р	И	Д	И	А	Ь	В	Р	Т	Ч
Д	Е	Ж	Р	Щ	А	Т	Т	Ш	Ц	С	Е	Д	Х	Ь	Ь
М	Є	Т	Н	К	Щ	Л	С	Ж	Л	Л	К	І	Щ	В	И
Й	И	Н	Т	Н	А	Г	Е	Л	Е	А	Ю	Ж	Я	С	Ц
Н	К	В	Ч	Н	О	Л	Ш	А	М	П	У	Н	Ь	К	І
Ш	Д	Ф	Р	Б	І	А	О	К	Б	П	Н	Х	Б	І	Ю

ПОМАДА
КУЧЕР
ШАРМ
КОЛІР
КОСМЕТИКА
ЕЛЕГАНТНИЙ
ЕЛЕГАНТНІСТЬ
ДЗЕРКАЛО
СТИЛІСТ
АРОМАТ
БЛАГОДАТЬ
МАКІЯЖ
МАСЛА
ШКІРА
ПРОДУКТИ
ТУШ
ПОСЛУГИ
НОЖИЦІ
ШАМПУНЬ

49 - Água

К	Ц	Ж	Т	Ч	Я	С	А	Ю	Ь	Б	М	В	Щ	Д	Є
Я	А	Ґ	Д	Р	Ч	Я	Н	Д	О	Щ	У	С	Я	Д	Ч
П	Ф	Н	Г	У	К	Н	Р	Щ	Ь	О	С	У	Н	Р	А
Д	К	Д	А	Б	Ш	Ц	Б	И	А	Ш	О	Ч	Н	Х	І
Л	А	Ю	Т	Л	Р	Р	Ш	Ь	К	А	Н	А	Е	К	О
О	З	Е	Р	О	Й	И	Н	Т	И	П	І	Х	Ш	Х	С
І	В	Щ	А	Е	К	С	Л	С	Р	Д	Т	Б	О	В	Н
Г	І	Ш	П	Р	Т	Ь	Н	І	В	О	П	У	Р	И	І
Б	О	В	Р	Е	З	Й	Е	Г	Д	И	М	Р	З	Л	Г
Ь	И	Є	М	Ь	У	У	Ш	О	Ш	Н	О	А	Д	І	Ь
Д	Ґ	Г	Щ	Є	И	Т	Т	Л	К	С	Р	Г	Ч	О	А
Р	І	Ч	К	А	У	Г	І	О	Ч	С	О	А	Ж	Я	В
Щ	Ж	Е	Л	К	Ч	Б	Б	В	Ц	Ф	З	Н	Х	С	Г
В	И	П	А	Р	О	В	У	В	А	Н	Н	Я	Г	І	К
А	Е	Д	М	П	Т	Є	Ю	К	Х	Г	К	В	Ж	А	Е
Щ	Ц	І	Л	Л	Х	О	Ю	Ш	Ш	Ф	Р	Щ	П	Я	К

КАНАЛ
ДОЩ
ДУШ
ВИПАРОВУВАННЯ
УРАГАН
МОРОЗ
ЛІД
ГЕЙЗЕР
ПОВІНЬ
ЗРОШЕННЯ
ОЗЕРО
МУСОН
СНІГ
ОКЕАН
ХВИЛІ
ПИТНИЙ
РІЧКА
ВОЛОГІСТЬ
ПАР

50 - Filantropia

Т	Д	Г	Ш	И	Ч	Ц	І	Л	І	Г	И	Д	Г	Б	У
Б	М	И	Л	Л	А	Ж	М	Ж	Ж	Р	Х	О	І	Л	Т
Х	Т	Щ	Е	О	Ш	Ґ	І	Г	Ч	О	Г	С	Ч	А	Є
Н	Ч	Р	Ґ	Ґ	Б	Ш	О	Ц	Ґ	М	Х	Ґ	Ф	Г	П
Є	Ю	О	К	Щ	Г	А	С	К	К	А	Ґ	Н	Р	О	Б
Ь	А	В	Х	І	Р	М	Л	К	Ю	Д	Щ	М	К	Д	Б
И	Т	Т	Ш	Ц	У	Г	Є	Ь	Ж	А	Є	Р	П	І	Ю
М	І	С	І	Я	П	Ж	П	Щ	Н	И	Е	І	Р	Й	К
А	Л	Д	І	І	И	Д	Ю	Л	Ж	И	Н	Є	О	Н	Ч
Р	Ф	Ю	И	Р	Щ	А	Д	М	Ж	А	Й	Ь	Б	І	Е
Г	І	Л	О	О	Д	Б	М	О	Л	О	Д	Ь	Л	С	С
О	Н	Т	С	Т	Т	Е	К	О	Ш	Т	И	Ж	Е	Т	Н
Р	А	Д	В	С	А	Р	Щ	Ф	Т	С	Ж	І	М	Ь	І
П	Н	М	І	І	М	Т	Х	С	Е	Я	О	Щ	И	И	С
Д	С	Я	Ь	Т	Ж	О	Ю	Р	Ю	В	Ш	Н	И	Г	Т
Ю	И	Е	Н	И	И	П	К	О	Н	Т	А	К	Т	И	Ь

БЛАГОДІЙНІСТЬ
ГРОМАДА
КОНТАКТИ
ДІТИ
ПРОБЛЕМИ
ФІНАНСИ
КОШТИ
ЩЕДРІСТЬ
ГЛОБАЛЬНИЙ
ГРУПИ
ІСТОРІЯ
ЧЕСНІСТЬ
ЛЮДСТВО
МОЛОДЬ
МІСІЯ
ПОТРЕБА
ЦІЛІ
ЛЮДИ
ПРОГРАМИ

51 - Família

Т	С	Х	Щ	Ю	Ц	О	Л	Б	Ф	Г	Я	Ш	Щ	Р	У
Я	Л	М	А	Й	И	К	Ь	С	В	І	К	Ь	Т	А	Б
С	Т	Я	Ц	И	Н	Н	І	М	Е	Л	П	Ґ	Х	Р	І
Щ	М	У	Т	К	О	Д	Е	Р	П	Щ	А	Б	Т	Т	Н
Ц	Л	М	Є	Ь	К	Ч	І	З	Е	А	Д	Д	І	С	Т
Л	Ю	М	Я	С	У	Б	А	Б	У	О	Р	Ж	Т	Е	Б
Д	И	Т	И	Н	С	Т	В	О	Д	К	У	Ь	К	С	І
А	Н	И	Т	И	Д	Т	Х	Н	Д	Ь	Ж	Т	А	Ґ	Є
Ф	Ь	Т	А	Р	Б	Ж	Ж	О	Е	Д	И	Х	Ж	Н	Х
Л	Ч	І	М	Е	Ф	А	Е	К	Ь	Я	Н	У	С	У	У
К	О	Д	Р	Т	О	Ь	Т	С	Ф	Д	А	Р	М	Е	Е
Л	Я	Є	П	А	Д	Н	Ж	Ь	Ч	О	Л	О	В	І	К
Р	О	Г	Щ	М	К	Ж	У	Ь	К	Д	А	С	П	У	Щ
Ш	А	Ф	Ц	К	В	Ь	А	К	Ч	О	Д	У	Ю	В	Ч
П	Л	Е	М	І	Н	Н	И	К	Х	А	И	Х	Ю	Д	Ж
Г	К	П	У	Я	Ч	Ф	Р	П	Р	Р	В	Д	Г	У	П

ПРЕДОК
БАБУСЯ
ДИТИНА
ДІТИ
ДРУЖИНА
ДОЧКА
ДИТИНСТВО
СЕСТРА
БРАТ
ЧОЛОВІК
МАТЕРИНСЬКИЙ
МАТИ
ОНУК
БАТЬКО
БАТЬКІВСЬКИЙ
КУЗЕН
ПЛЕМІННИЦЯ
ПЛЕМІННИК
ТІТКА
ДЯДЬКО

52 - Férias #2

Ш	І	Н	Н	Д	Є	К	Щ	Г	Ґ	С	М	П	Ч	Я	Щ
Щ	Н	А	Р	О	Т	С	Е	Р	О	Х	И	О	Г	Н	Ф
Ю	О	М	Щ	Ф	О	Б	Я	Т	Б	Т	В	Я	Р	Н	О
П	З	Е	Ґ	А	З	І	В	Ш	Р	І	Е	Ю	Т	Е	Т
Л	Е	Т	Р	О	П	С	Н	А	Р	Т	Е	Л	Т	Ч	О
Я	М	М	С	М	У	К	А	Т	Д	Р	И	Т	Ь	А	А
Ж	Е	А	Е	А	Н	А	Є	Р	Е	О	Щ	М	Ж	Н	А
М	Ц	Л	Е	Р	О	Т	П	А	Х	П	П	Е	К	З	И
Ь	Ь	В	И	В	Ш	Ц	М	К	Я	О	А	І	А	И	Ю
І	М	О	Ф	Т	Ь	Ж	І	П	А	Р	С	У	Х	Р	Ф
Щ	С	Ь	Д	Ф	У	Е	О	Ш	К	Е	П	Ш	Е	П	Х
Ф	В	І	Р	Т	С	О	Х	Ц	П	А	О	Ґ	Ж	Е	Г
У	Я	Н	Н	А	В	Ю	Н	О	Р	Б	Р	Г	Е	Ф	У
Ш	Т	П	Т	Ґ	Т	Є	І	Г	Ф	Ф	Т	Ш	О	Ц	Ц
Ж	О	Р	О	Д	О	П	Б	М	У	Х	Я	Ф	В	Р	К
Щ	Р	К	Д	О	З	В	І	Л	Л	Я	П	В	П	О	И

АЕРОПОРТ
ПРИЗНАЧЕННЯ
ІНОЗЕМЕЦЬ
СВЯТО
ФОТО
ГОТЕЛЬ
ОСТРІВ
ДОЗВІЛЛЯ
КАРТА
МОРЕ
ГОРИ
ПАСПОРТ
ПЛЯЖ
БРОНЮВАННЯ
РЕСТОРАН
ТАКСІ
НАМЕТ
ТРАНСПОРТ
ПОДОРОЖ
ВІЗА

53 - Edifícios

Г	Т	Щ	З	Н	О	І	Є	Г	А	О	Х	Е	П	Щ	В
Я	Е	П	Й	А	Р	А	С	А	К	И	Р	Б	А	Ф	Ц
Н	Т	Ш	Ж	Р	М	Е	Я	Р	Т	А	Е	Т	Ю	Н	Ц
Т	И	Ж	Я	І	Р	О	Т	А	Р	О	Б	А	Л	С	М
Ш	С	Ґ	Д	Щ	А	Ь	К	Ж	И	П	Щ	Ж	Ц	И	О
Ґ	Р	Є	К	Ш	П	Р	Е	О	Т	В	Г	Е	У	Е	Г
Щ	Е	И	А	І	Г	П	И	В	Е	Я	Е	В	С	Ь	Д
Я	В	Ч	Д	К	Н	Т	Н	Т	К	Н	Ш	К	О	Л	А
Е	І	М	Д	А	Ц	О	Д	С	Р	Р	Б	Ш	Ь	Е	С
К	Н	А	П	Г	П	Х	Ж	Ь	А	А	Ч	Н	Ф	Т	Т
М	У	З	Е	Й	Ж	Щ	У	Л	М	К	В	Р	Е	О	А
О	Б	С	Е	Р	В	А	Т	О	Р	І	Я	К	Р	Г	Д
Ц	Ц	Ф	С	Н	Щ	Г	Е	С	Е	Л	У	Б	М	Ш	І
Ш	А	І	Щ	О	Щ	Н	М	О	П	Е	Х	К	А	Г	О
С	Щ	Д	Є	Ч	Ь	Н	А	П	У	Д	Х	Г	Е	А	Н
Х	Ч	А	У	Е	Ч	О	Н	Т	С	Г	Ш	Ф	У	Є	Е

КВАРТИРА
ЗАМОК
САРАЙ
КІНО
ПОСОЛЬСТВО
ШКОЛА
СТАДІОН
ФЕРМА
ФАБРИКА
ГАРАЖ
ЛІКАРНЯ
ГОТЕЛЬ
ЛАБОРАТОРІЯ
МУЗЕЙ
ОБСЕРВАТОРІЯ
СУПЕРМАРКЕТ
ТЕАТР
НАМЕТ
ВЕЖА
УНІВЕРСИТЕТ

54 - Aventura

Н	Н	Ь	Т	С	І	Р	Б	О	Р	О	Х	П	Д	Ч	К
Е	О	Б	Р	Ц	В	В	Ж	Е	К	Ш	В	Р	І	В	Ф
Б	В	Ф	У	Р	А	Д	І	С	Т	Ь	Х	И	Е	У	Н
Е	И	Ц	Д	П	Р	О	Б	Л	Е	М	И	Р	Ц	Л	Щ
З	Й	Т	Н	Ш	А	Е	Л	И	Е	Ж	Ь	О	Т	Б	Д
П	В	Я	І	Ц	А	Г	І	В	А	Н	І	Д	В	П	Е
Е	П	Я	С	О	Б	Н	С	У	Х	А	С	А	Р	К	Н
Ч	І	Д	Т	Л	Ь	Т	С	І	Н	Ь	Л	Я	І	Д	Т
Н	Б	И	Ь	П	Р	И	З	Н	А	Ч	Е	Н	Н	Я	У
И	Н	Е	З	В	И	Ч	А	Й	Н	І	Я	Б	С	Н	З
Й	Ц	У	Е	Б	Е	З	П	Е	К	А	М	І	Е	Ц	І
М	А	Р	Ш	Р	У	Т	Е	Ґ	Г	И	Г	Р	О	Ь	А
У	Н	Щ	Е	Я	Є	Е	К	С	К	У	Р	С	І	Я	З
Д	Р	У	З	І	П	І	Д	Г	О	Т	О	В	К	А	М
Є	Є	Т	П	Р	Е	М	О	Ж	Л	И	В	І	С	Т	Ь
Д	Ґ	Ф	Ф	Б	Д	Г	Ц	Щ	Ю	К	Е	І	Б	Е	О

РАДІСТЬ
ДРУЗІ
ДІЯЛЬНІСТЬ
КРАСА
ХОРОБРІСТЬ
ШАНС
ПРОБЛЕМИ
ПРИЗНАЧЕННЯ
ТРУДНІСТЬ
ЕНТУЗІАЗМ
ЕКСКУРСІЯ
НЕЗВИЧАЙНІ
МАРШРУТ
ПРИРОДА
НАВІГАЦІЯ
НОВИЙ
МОЖЛИВІСТЬ
НЕБЕЗПЕЧНИЙ
ПІДГОТОВКА
БЕЗПЕКА

55 - Floresta Tropical

А	Х	С	И	К	Р	С	Ш	Н	Н	Н	О	Р	Д	Т	В
М	О	Л	С	В	И	Ж	И	В	А	Н	Н	Я	Ж	Я	О
Ф	Ч	Х	К	А	Д	А	М	О	Р	Г	Н	Р	У	Ю	И
І	А	Ч	О	Ц	В	Щ	Т	Б	С	П	А	Е	Н	К	Ч
Б	Е	А	М	М	Е	Ц	М	Г	Х	Ч	Д	С	Г	Р	Р
І	И	Р	А	М	Х	Т	І	Ж	Ш	С	К	Т	Л	В	А
Ї	Щ	Х	Х	П	Р	И	Т	У	Л	О	К	А	І	К	К
П	О	В	А	Г	А	Ю	Х	І	М	У	Ф	В	А	Ґ	Я
К	Щ	Ч	У	Т	Е	Я	Н	Н	Е	Ж	Е	Р	Е	Б	З
Л	О	Є	В	Ь	П	К	Ю	В	Ю	Д	Ь	А	К	Я	Т
І	Є	Й	И	Н	Ч	І	Н	А	Т	О	Б	Ц	Ч	Ю	Щ
М	Щ	Ю	Д	Р	Н	Д	Я	Й	И	Н	Н	І	Ц	А	Г
А	К	О	Р	І	Н	Н	І	Ґ	О	В	П	Я	Ч	Щ	А
Т	В	И	Б	І	К	Л	М	У	К	Ц	Т	Б	И	Щ	Л
Ч	Щ	У	І	П	Р	И	Р	О	Д	А	Ь	С	П	Ц	К
И	Р	Ю	Е	Ь	Д	П	С	С	Ч	Р	У	М	Ф	Р	Х

АМФІБІЇ
БОТАНІЧНИЙ
КЛІМАТ
ГРОМАДА
ВИД
КОРІННІ
КОМАХ
ССАВЦІ
МОХ
ПРИРОДА
ХМАРИ
ПТАХ
ЗБЕРЕЖЕННЯ
ПРИТУЛОК
ПОВАГА
РЕСТАВРАЦІЯ
ДЖУНГЛІ
ВИЖИВАННЯ
ЦІННИЙ

56 - Cidade

Е	Г	Х	Ж	Е	М	Ж	Є	Х	А	П	Н	К	Г	К	І
У	Ю	Д	Л	Х	П	І	О	У	Ь	К	І	Н	О	Д	А
И	П	А	Ь	А	П	Т	Е	К	А	П	Є	А	О	Т	Т
Щ	Х	Ж	А	К	Е	Т	О	І	Л	Б	І	Б	М	М	Ґ
Р	Н	М	М	А	Л	О	К	Ш	М	Д	Ь	А	К	Е	Щ
И	У	М	Н	К	Ч	І	Ь	Ю	С	А	Л	О	Н	К	Х
Е	Ц	Я	У	М	М	Д	Н	К	Ф	Д	Е	Ф	О	Ю	Ж
Ь	Ф	Е	Ц	З	П	О	Г	І	М	Ч	Т	В	І	А	І
Я	Н	Р	А	К	Е	П	Н	Л	К	Ь	О	Н	Д	Ч	С
Р	Ґ	Е	И	Р	Ч	Й	А	Л	Б	А	Г	А	А	Т	Д
А	Я	Л	Х	Н	А	Е	Р	О	П	О	Р	Т	Т	Е	М
К	Р	А	П	О	О	З	О	Я	Б	Ґ	Ш	Ц	С	А	Р
Ф	Ф	Г	Н	Ф	Ш	К	Т	С	И	Р	О	Л	Ф	Т	П
Ч	Є	В	Т	Е	Т	И	С	Р	Е	В	І	Н	У	Р	П
К	П	Н	Ь	С	І	М	Е	І	М	Щ	Ф	Б	К	Ц	Є
Ц	Б	Д	Ю	Т	Е	К	Р	А	М	Р	Е	П	У	С	Я

АЕРОПОРТ
БАНК
БІБЛІОТЕКА
КІНО
КЛІНІКА
ШКОЛА
СТАДІОН
АПТЕКА
ФЛОРИСТ
ГАЛЕРЕЯ
ГОТЕЛЬ
ЗООПАРК
РИНОК
МУЗЕЙ
ПЕКАРНЯ
РЕСТОРАН
САЛОН
СУПЕРМАРКЕТ
ТЕАТР
УНІВЕРСИТЕТ

57 - Música

І	Н	С	Т	Р	У	М	Е	Н	Т	З	У	Н	С	У	В
І	Ш	Т	Х	А	Ж	Я	А	О	К	К	А	В	І	П	С
Б	М	А	Ш	Р	Щ	Г	Я	Ф	Л	Є	Б	П	Ц	Ю	М
Н	А	П	М	Е	Т	Ц	Х	О	І	Х	Ь	П	И	Д	У
Ю	Я	Л	Р	П	М	Ф	Г	Р	Р	К	У	О	Т	С	З
В	Ч	Х	А	О	С	Р	У	К	И	Й	А	Е	А	Е	И
А	Л	Н	О	Д	В	Т	Х	І	Ч	И	Л	Т	В	М	Ч
Ю	Е	О	Ж	А	А	І	Ш	М	Н	Н	Ь	И	І	В	Н
М	Е	Л	О	Д	І	Я	З	Ц	И	Ч	Б	Ч	П	Ш	И
М	Х	Р	И	Т	М	А	Ш	У	Й	И	О	Н	С	А	Й
Г	А	Р	М	О	Н	І	Я	Ф	В	С	М	И	И	Е	І
Ґ	Х	Ф	І	Ь	И	Х	Р	Ж	С	А	К	Й	І	М	С
О	О	К	В	Д	Ю	У	Ж	Щ	О	Л	Т	Я	Л	Л	Ц
П	Р	Ґ	Д	Ч	Ш	Б	Х	И	Т	К	Я	И	Е	О	Ю
В	О	К	А	Л	Ь	Н	И	Й	Ф	Г	О	Р	М	А	М
Л	М	У	З	И	К	А	Н	Т	Т	С	Д	А	Д	Х	Р

АЛЬБОМ
БАЛАДА
СПІВАТИ
СПІВАК
КЛАСИЧНИЙ
ХОР
ЗАПИС
ГАРМОНІЯ
ІМПРОВІЗУВАТИ
ІНСТРУМЕНТ

ЛІРИЧНИЙ
МЕЛОДІЯ
МІКРОФОН
МУЗИЧНИЙ
МУЗИКАНТ
ОПЕРА
ПОЕТИЧНИЙ
РИТМ
ТЕМП
ВОКАЛЬНИЙ

58 - Matemática

П	О	К	А	З	Н	И	К	Я	Р	Д	А	Д	Т	Я	Ш
А	Я	Ш	И	Е	К	Т	Ж	І	М	Е	С	Е	Ч	Н	Н
Р	Р	К	Ґ	Н	Х	У	Г	Р	М	П	И	С	С	Н	Д
Е	Т	И	Я	О	Т	К	У	Т	Ь	С	М	Я	Ж	Я	І
Ф	Е	Н	Ф	Н	Т	У	Р	Е	Г	Я	Е	Т	Р	Н	В
С	М	Т	С	М	Ф	В	К	М	Н	К	Т	К	І	В	Ц
Г	И	У	П	С	Е	Л	О	О	Д	С	Р	О	У	І	Д
Ґ	Р	К	Ж	Б	Р	Т	Л	Е	Т	Ґ	І	В	Щ	Р	І
Е	Е	И	Я	Х	Ж	К	И	Г	М	А	Я	И	Г	А	А
О	П	Р	Є	Р	Є	Н	Г	К	У	Л	Г	Й	Я	Д	М
Д	П	Т	Ц	Ф	Б	К	Х	Ч	А	О	Х	А	С	І	Е
А	Ь	Л	Ґ	Ь	І	К	Ш	Ґ	Щ	А	У	Ж	Б	У	Т
Ш	Ф	Е	О	С	У	М	А	Ґ	У	Ж	А	Щ	О	С	Р
Е	Щ	Б	Ц	Щ	П	А	Р	А	Л	Е	Л	Ь	Н	И	Й
О	Ґ	М	Ф	М	А	Р	Г	О	Л	Е	Л	А	Р	А	П
П	Р	Я	М	О	К	У	Т	Н	И	К	Х	Х	Л	Л	У

АРИФМЕТИКА
КУТИ
ОКРУГ
ДЕСЯТКОВИЙ
ДІАМЕТР
РІВНЯННЯ
СФЕРА
ПОКАЗНИК
ГЕОМЕТРІЯ
ПАРАЛЕЛЬНИЙ
ПАРАЛЕЛОГРАМ
ПЕРИМЕТР
БАГАТОКУТНИК
ПЛОЩА
РАДІУС
ПРЯМОКУТНИК
СИМЕТРІЯ
СУМА
ТРИКУТНИК
ОБСЯГ

59 - Saúde e Bem Estar #1

Р	И	Ф	А	К	І	Н	І	Л	К	П	П	М	Ч	Г	А
А	Е	А	Е	Ж	О	Е	С	П	Д	О	Л	О	Г	О	К
К	Ф	Ф	С	Ф	Н	Р	И	Н	Ч	С	Ч	Л	С	Р	Т
І	Ш	К	Л	Х	Ь	В	А	Т	Т	Т	Щ	Е	Н	М	И
Л	И	Ч	И	Е	Г	И	Г	А	Ц	А	Ж	Р	Л	О	В
Щ	Я	Д	П	О	К	Ч	Т	Т	Я	В	Ж	Е	Ж	Н	Н
Р	Е	Ш	Б	У	Ґ	С	Ч	М	Н	А	Д	П	Ю	И	И
У	В	К	Ж	Б	С	П	У	Е	Н	І	Г	Ч	П	Ч	Й
Е	Я	І	П	А	Р	Е	Т	Д	А	Т	О	С	И	В	В
Ш	Я	Р	Ж	Ю	С	К	Ш	И	В	К	І	С	Т	К	И
Д	Ж	А	Т	М	П	А	Ж	Ц	У	Ґ	Е	Я	И	Б	П
Ю	Ч	К	Т	С	П	Х	О	И	К	Ш	И	Т	Г	Г	В
Х	Я	Ч	И	Ч	О	Ц	Х	Н	І	С	Б	У	П	І	І
У	Ю	И	О	С	Х	Ж	Ч	А	Л	Я	Е	К	Ф	А	Р
Г	Б	В	Х	Б	А	К	Т	Е	Р	І	Ї	Г	Х	Ц	У
Р	О	З	С	Л	А	Б	Л	Е	Н	Н	Я	Є	Б	Б	С

ВИСОТА
АКТИВНИЙ
БАКТЕРІЇ
КЛІНІКА
ЛІКАР
АПТЕКА
ГОЛОД
ПЕРЕЛОМ
ЗВИЧКА
ГОРМОНИ
МЕДИЦИНА
НЕРВИ
КІСТКИ
ШКІРА
ПОСТАВА
РЕФЛЕКС
РОЗСЛАБЛЕННЯ
ТЕРАПІЯ
ЛІКУВАННЯ
ВІРУС

60 - Imigração

С	Е	Ц	О	Р	П	В	Я	Я	С	И	Ч	Я	Б	С	Ж
Щ	Г	Ч	Т	Р	Е	Ц	І	Ф	О	Т	И	Н	Б	И	Ь
Ж	И	Т	Л	О	Р	Т	Ц	І	Р	Н	Р	Н	І	Т	Ч
Ц	М	О	В	А	Е	Л	А	Н	І	Е	Л	Е	Л	У	Д
Т	А	Р	В	Н	Г	С	Р	А	Ш	М	М	Ж	С	А	А
Д	Ш	Ю	И	Б	О	Ю	Т	Н	Е	У	Е	Д	О	Ц	Ч
Л	О	Ф	Х	Ш	В	Е	С	С	Н	К	Я	Р	Р	І	З
Р	Т	П	Т	Ґ	О	Л	І	У	Н	О	Л	Е	О	Я	В
О	Г	Т	О	И	Р	К	Н	В	Я	Д	С	В	Д	Ь	Я
Д	І	Т	И	М	И	Е	І	А	З	І	Ж	Т	Д	Ж	З
Б	С	П	Т	В	О	К	М	Н	Т	А	Ш	А	Ф	Т	К
М	Ь	Д	В	Г	Ф	Г	Д	Н	Е	Щ	Х	З	Ч	Т	И
Н	В	Я	Я	Ю	Я	Р	А	Я	Р	С	Т	И	П	Б	Д
Ю	Т	Ф	Щ	Я	Я	Ш	Н	Б	М	Щ	Е	Е	С	Ж	Т
К	С	Є	Х	Г	С	Ц	Ч	Ш	І	М	Ч	Ц	А	Т	Е
Ч	Р	І	Е	С	Т	О	Ж	С	Н	О	К	А	З	Ш	Е

АДМІНІСТРАЦІЯ
ДОРОСЛІ
ДОПОМОГА
ЗАТВЕРДЖЕННЯ
ЗВ'ЯЗКИ
ДІТИ
ДОКУМЕНТИ
СТРЕС
ФІНАНСУВАННЯ
ЖИТЛО
ЗАКОН
МОВА
ПЕРЕГОВОРИ
ОФІЦЕР
ТЕРМІН
ПРОЦЕС
ЗАХИСТ
СИТУАЦІЯ
РІШЕННЯ

61 - Natureza

Р	М	Ь	Щ	А	К	Е	Ф	С	Є	Н	С	Л	К	Б	Е
Б	І	Г	А	Л	Р	Р	Б	О	Л	М	Ч	Т	Ф	К	Ж
Е	І	Ч	М	К	А	О	Н	Р	И	М	А	Ч	Ш	П	Ґ
З	И	О	К	И	С	З	В	О	Г	Б	Н	Щ	П	Є	Ю
Т	Ш	Л	И	А	А	І	И	У	Х	Я	Ц	Ш	М	О	Ч
У	Я	И	В	П	В	Я	С	В	Я	Т	И	Л	И	Щ	Е
Р	П	С	О	Т	Б	Ю	І	Ж	В	Ш	Р	Й	П	Х	Г
Б	У	Т	Д	Т	У	Є	Л	О	Ю	Ф	О	И	Щ	М	А
О	С	Я	О	Щ	В	М	С	Ц	Н	Х	Г	Н	Ж	А	Ж
Т	Т	И	Ь	Н	Ц	А	А	В	Г	Г	Е	Ч	Д	Р	І
Н	Е	П	Л	Ю	Ц	Н	Р	Н	Б	Д	Ж	І	Л	И	Ґ
И	Л	Д	И	К	И	Й	Д	И	В	Ш	И	М	К	Ґ	А
Й	Я	Х	Я	Ч	Є	Ж	О	И	Н	Р	Ч	А	Г	Ґ	С
А	Р	К	Т	И	Ч	Н	И	Й	А	Л	П	Н	С	Т	С
П	Р	И	Т	У	Л	О	К	К	Я	Г	Ж	И	Т	Д	Т
Т	Р	О	П	І	Ч	Н	И	Й	Ф	А	Щ	Д	И	Х	В

БДЖІЛ
ПРИТУЛОК
ТВАРИН
АРКТИЧНИЙ
КРАСА
ПУСТЕЛЯ
ДИНАМІЧНИЙ
ЕРОЗІЯ
ЛІС
ЛИСТЯ
ЛЬОДОВИК
ГОРИ
ТУМАН
ХМАРИ
МИРНО
РІЧКА
СВЯТИЛИЩЕ
ДИКИЙ
БЕЗТУРБОТНИЙ
ТРОПІЧНИЙ

62 - A Empresa

П	Я	Г	Р	Х	П	Д	О	Х	П	Я	П	Ч	М	Х	О
У	Р	Д	М	С	У	Ґ	Д	Й	Р	І	Р	Ф	Г	Ф	П
К	Щ	О	С	І	Г	С	И	И	О	Н	Е	Н	С	Ю	Щ
Ч	Є	Ь	М	Й	Ь	Ж	Н	Н	Д	Ц	З	Ю	Є	Г	Ф
Щ	Е	Ж	Є	И	Т	Ґ	И	Й	У	Е	Е	Ж	О	І	С
Є	Ж	Е	Д	Ч	С	Ь	Ц	І	К	Є	Н	Ь	Ї	Щ	Г
Ж	В	Н	В	Р	І	Л	Ь	Ц	Т	Ь	Т	С	І	К	Я
Х	Ф	Н	Р	О	В	Я	О	А	Ч	А	А	Е	Ц	К	Н
П	Ж	Ґ	Д	В	И	Р	Ґ	В	Я	Е	Ц	Н	И	І	Н
Р	Р	Л	Е	Т	Л	И	Л	О	О	Ґ	І	З	Т	Ч	Е
І	Е	О	Ц	Ж	Ж	Ґ	Ґ	Н	М	С	Я	І	С	Ф	Ш
А	Ц	С	Г	Ь	О	Ф	В	Н	Д	Ь	Т	Б	Е	Ф	І
Х	Ф	Ч	У	Р	М	Б	Д	І	Х	О	Д	І	В	Є	Р
І	Є	Е	И	Р	Е	Г	Л	О	Б	А	Л	Ь	Н	И	Й
Н	Ч	Х	Є	К	С	С	И	Я	Я	Ш	І	У	І	Ш	И
Р	И	З	И	К	И	И	Р	Е	П	У	Т	А	Ц	І	Я

ПРЕЗЕНТАЦІЯ
ТВОРЧИЙ
РІШЕННЯ
ГЛОБАЛЬНИЙ
ПРОМИСЛОВОСТІ
ІННОВАЦІЙНИЙ
ІНВЕСТИЦІЇ
БІЗНЕС
МОЖЛИВІСТЬ
ПРОДУКТ
ПРОГРЕС
ЯКІСТЬ
ДОХІД
РЕСУРСИ
РЕПУТАЦІЯ
РИЗИКИ
ОДИНИЦЬ

63 - Doença

О	А	С	Т	І	З	Д	О	Р	О	В	Я	Г	А	С	Н
П	Л	П	Е	Н	М	О	Р	Д	Н	И	С	Щ	І	Я	О
О	Е	А	Р	Б	О	У	Я	С	Л	А	Б	К	И	Й	И
П	Р	Д	А	И	Ї	О	Н	В	Е	Р	Е	Ч	Ь	И	І
Е	Г	К	П	К	М	Л	Н	І	І	Ь	Д	Є	Ф	В	Р
Р	І	О	І	Х	Ж	І	Е	Ч	Т	К	И	П	Щ	Е	Я
Е	Я	В	Я	У	В	Т	Л	Е	Ґ	Е	К	Р	И	Н	І
К	Ш	И	Ц	А	Н	И	А	Л	Ф	Ц	Т	М	Ч	Е	Т
О	Т	Й	П	Я	Б	О	П	Ц	Ш	Р	С	В	Ж	Г	А
В	Ф	У	О	Д	П	Е	А	М	В	Е	І	В	Ь	Е	П
О	Ж	Щ	Е	И	Л	О	З	М	Ю	С	К	Х	Ж	Л	О
Г	Г	Е	Н	Е	Т	И	Ч	Н	І	Б	Є	Л	Г	О	Р
О	Б	А	Ю	У	Ю	Р	Х	Р	О	Н	І	Ч	Н	И	Й
З	А	Р	А	З	Н	И	Й	И	Р	Т	С	О	Г	І	Е
Д	И	Х	А	Л	Ь	Н	И	Й	Д	Р	С	Ю	Є	В	Н
Ь	Н	Ч	Є	Р	В	А	Ж	Щ	Х	Ґ	Щ	Т	Ю	Ч	Ю

ЧЕРЕВНОЇ
ГОСТРИЙ
АЛЕРГІЯ
ЗАРАЗНИЙ
СЕРЦЕ
ТІЛО
ХРОНІЧНИЙ
СЛАБКИЙ
ГЕНЕТИЧНІ
СПАДКОВИЙ
ІМУНІТЕТ
ЗАПАЛЕННЯ
ПОПЕРЕКОВОГО
НЕЙРОПАТІЯ
КІСТКИ
ЛЕГЕНЕВИЙ
ДИХАЛЬНИЙ
ЗДОРОВ'Я
СИНДРОМ
ТЕРАПІЯ

64 - Aquecimento Global

Е	К	О	Л	О	Г	І	Ч	Н	І	Е	К	С	Н	К	Б
Ц	М	Щ	П	І	И	Л	Ж	І	К	Д	Я	Р	У	М	Ш
Р	С	Ж	У	Т	А	М	І	Л	К	Б	П	К	И	Ю	Ґ
В	М	Ж	В	С	А	М	Е	Н	Е	Р	Г	І	Я	З	С
Л	Т	У	А	О	Т	А	Н	Р	У	Ц	У	Ц	Г	А	А
Ґ	И	М	Г	В	И	Й	Р	А	О	И	У	У	П	Р	О
А	Й	Ц	А	О	Ч	Б	Є	П	С	З	П	Е	І	А	Р
Н	И	В	Я	Л	Т	У	В	Х	Ю	Л	В	К	Е	З	П
В	Н	М	Н	С	Ф	Т	В	Н	Д	С	І	И	Е	Т	Ч
В	Ч	Е	Н	И	Й	Н	Д	А	Н	І	Ч	Д	Т	С	К
Щ	И	Ґ	І	М	К	Є	Г	А	З	Д	Ш	К	К	О	М
М	Т	Ж	Л	О	Г	А	К	Е	Ф	Ю	Є	А	Ч	И	К
Н	К	Т	О	Р	Н	А	С	Е	Л	Е	Н	Н	Я	Е	І
І	Р	Х	К	П	М	І	Ж	Н	А	Р	О	Д	Н	И	Й
З	А	К	О	Н	О	Д	А	В	С	Т	В	О	Ч	М	Ф
Ш	І	Л	П	Т	Е	М	П	Е	Р	А	Т	У	Р	И	А

ЗАРАЗ
ЕКОЛОГІЧНІ
УВАГА
АРКТИЧНИЙ
ВЧЕНИЙ
КЛІМАТ
НАСЛІДКИ
КРИЗА
ДАНІ
РОЗВИТОК
ЕНЕРГІЯ
МАЙБУТНЄ
ГАЗ
ПОКОЛІННЯ
УРЯД
ПРОМИСЛОВОСТІ
МІЖНАРОДНИЙ
ЗАКОНОДАВСТВО
НАСЕЛЕННЯ
ТЕМПЕРАТУРИ

65 - Aviões

П	С	Я	Ь	Ц	Х	Ц	Б	П	Я	А	Ц	Б	У	М	К
Ь	О	Щ	Ц	Є	Щ	Б	І	А	І	Р	И	У	Г	Ґ	П
П	О	Г	Л	Ь	К	Б	П	С	Р	Е	Т	Д	Ж	К	І
Е	Ґ	Т	О	Ь	Р	Н	К	А	О	Ф	У	І	Ґ	Щ	Л
Я	Х	Е	Т	Д	Є	Ж	Ґ	Ж	Т	С	Д	В	В	Ь	О
Х	Ф	Ю	Х	Б	А	Ц	Ш	И	С	О	А	Н	Н	О	Т
Р	И	О	Ґ	Ґ	К	С	К	Р	І	М	Н	И	Е	Ь	П
У	С	К	Г	М	Д	Д	Д	А	М	Т	У	Ц	Б	О	Щ
Н	В	С	Щ	Ж	А	П	І	К	Е	А	Г	Т	О	Б	В
Л	А	У	Ш	С	С	Н	Ь	У	Б	Т	И	В	Л	Р	Г
У	Д	П	А	Б	О	Ь	Н	Е	Д	О	В	О	У	Є	В
И	О	С	Р	К	П	Д	Ю	Ч	У	С	Д	О	І	Ц	И
Ц	Г	Ґ	Ь	Я	М	Р	Ь	Ж	Є	И	И	Л	Ф	Г	Н
Є	И	Ф	Ч	І	М	П	А	Л	И	В	О	И	И	Б	Т
Ю	Р	Ш	Ж	Г	К	Б	Ч	Е	Є	Є	Л	Ж	І	І	И
Н	П	Ш	Н	Ґ	П	Ь	Ґ	Б	Ф	Є	А	Є	А	О	Ц

ВИСОТА
ПОВІТРЯ
ПОСАДКА
АТМОСФЕРА
ПРИГОДА
НЕБО
ПАЛИВО
БУДІВНИЦТВО
СПУСК
НАПРЯМ
ГВИНТИ
ВОДЕНЬ
ІСТОРІЯ
НАДУТИ
ДВИГУН
ПАСАЖИР
ПІЛОТ
ПОГОДА
ЕКІПАЖ

66 - Tipos de Cabelo

Ґ	Є	Ь	П	Г	Ь	Х	Д	Б	Щ	Х	М	Г	Я	Н	І
Р	Ф	У	М	М	Н	Т	В	И	Л	В	П	С	К	У	Б
Ь	И	П	Ю	Д	К	Б	Й	И	К	Я	М	Т	Б	С	Л
Ч	С	А	М	П	О	Г	Я	Ю	Л	Щ	Д	О	Е	Ю	И
Т	О	Л	Б	І	Р	С	Х	Ґ	У	Я	Р	У	Ю	П	С
О	К	Р	Е	Ч	У	К	Д	Ю	І	Щ	С	У	Ж	Ф	К
В	У	Л	Н	Р	О	С	І	Р	И	Й	П	Т	Ф	Б	У
С	Ч	И	И	И	Ф	Х	И	Т	Ґ	Ґ	И	Ч	И	Р	Ч
Т	Е	С	Д	П	Й	И	В	О	Р	О	Д	З	У	Й	И
И	Р	И	Н	М	И	И	Б	Ґ	Щ	Е	П	Д	Б	И	Й
Й	Я	Й	О	Б	Х	Х	К	Х	И	Р	Г	Г	В	Н	И
Ю	В	В	Л	О	У	Л	И	Т	С	Д	Ц	Ж	К	Е	Г
Ю	И	Ю	Б	Р	С	Ь	Щ	Щ	О	В	І	Ш	М	Т	В
У	Й	И	К	Н	О	Т	Є	А	Я	Р	О	Ф	С	Е	О
Б	І	Л	И	Й	Ю	Є	К	Л	Ч	Б	О	Е	Ч	Л	Д
К	О	Р	И	Ч	Н	Е	В	И	Й	Н	Х	К	Т	П	Ь

БІЛИЙ
БЛИСКУЧИЙ
КУЧЕР
ЛИСИЙ
СІРИЙ
КОРОТКИЙ
КУЧЕРЯВИЙ
ТОНКИЙ
ТОВСТИЙ
БЛОНДИН
ДОВГИЙ
КОРИЧНЕВИЙ
ХВИЛЯСТИЙ
СРІБЛО
ЧОРНИЙ
ЗДОРОВИЙ
СУХИЙ
М'ЯКИЙ
ПЛЕТЕНИЙ
КОСИ

67 - Formas

Г	В	Д	Е	О	В	О	Ц	В	У	П	В	П	Ґ	П	Р
І	Щ	Я	Ґ	Р	В	В	К	Л	Б	У	Ґ	І	Ю	І	Р
П	Ш	Ж	Т	С	М	А	С	О	Щ	Т	М	Р	Е	І	Е
Е	Я	Е	Ґ	М	Б	Л	К	Ф	Л	Ф	С	А	Б	Щ	У
Р	Л	І	Н	І	Я	Ь	К	С	И	О	Ф	М	Н	В	Б
Б	Щ	І	О	В	Т	Н	Т	У	Ь	Щ	Е	І	О	Г	А
О	Ц	І	Г	І	Ь	И	Я	О	Т	Д	Р	Д	Ш	П	Г
Л	М	Л	Т	Л	Ш	Й	Б	І	К	Ґ	А	А	Т	Ж	А
А	Г	У	Д	У	Ь	С	У	Н	О	К	Р	И	В	А	Т
С	Д	К	И	Н	Т	У	К	И	Р	Т	Д	Ш	Н	М	О
П	Р	Я	М	О	К	У	Т	Н	И	К	Н	И	Д	З	К
І	С	Ю	В	Ф	Я	Є	П	М	М	Є	І	Я	Т	И	У
Л	М	Ю	Г	Ж	Л	Н	Ж	Л	Ч	Е	Л	Ч	Ф	Р	Т
Е	А	Ґ	К	Ґ	К	Т	А	Г	О	Х	И	Х	Ж	П	Н
Д	Щ	М	Ґ	С	О	Р	Ґ	Ю	М	Щ	Ц	Д	Г	О	И
Ц	Р	Х	І	Ч	Ф	М	С	Н	Г	Т	А	Ш	Ц	Я	К

ДУГА
КУТ
ЦИЛІНДР
КОЛО
КОНУС
КУБ
КРИВА
ЕЛІПС
СФЕРА
ГІПЕРБОЛА
БІК
ЛІНІЯ
ОВАЛЬНИЙ
ПІРАМІДА
БАГАТОКУТНИК
ПРИЗМА
ПЛОЩА
ПРЯМОКУТНИК
ТРИКУТНИК

68 - Criatividade

В	Д	Р	А	М	А	Т	И	Ч	Н	І	І	М	О	П	Л
І	Р	І	Х	Ю	І	Ю	Т	А	Ч	Й	Ц	Е	Я	Л	І
Н	Ц	А	В	Я	У	Б	І	Т	М	І	Є	І	Ш	И	Ш
Т	Я	Ґ	Ж	Н	С	Н	Щ	Е	Р	Н	Х	П	К	Н	Х
У	Н	Ь	І	Е	У	Ґ	Ч	Ц	С	Ж	Л	Н	Ж	Н	Р
Ї	Н	А	Й	И	Н	Н	А	Т	Н	О	П	С	О	І	В
Ц	Е	Ь	Т	С	І	Н	С	Я	Р	Д	Ґ	Х	А	С	В
І	Ж	Н	І	Х	Ь	К	Я	Т	Т	У	Ч	О	П	Т	И
Я	А	Щ	Р	І	Н	Ш	И	В	Х	Х	Ф	Є	Д	Ь	Р
Щ	Р	Л	І	С	Ж	Е	А	Х	І	Я	Р	Х	У	Щ	А
Ц	Б	Ч	И	Б	И	У	Н	Ґ	А	Д	Щ	Ш	М	Л	З
Б	О	Е	М	О	Ц	І	Ї	Н	С	О	Ч	В	Е	К	В
Г	З	Б	А	Ч	Е	Н	Н	Я	Я	С	Н	У	Є	Е	Б
А	В	Т	Е	Н	Т	И	Ч	Н	І	С	Т	Ь	Т	Р	И
І	Н	Т	Е	Н	С	И	В	Н	І	С	Т	Ь	Ц	Т	Ґ
Г	Ю	С	Р	М	Н	А	В	И	Ч	К	А	Г	О	Ц	Я

ХУДОЖНІЙ
АВТЕНТИЧНІСТЬ
ЯСНІСТЬ
ДРАМАТИЧНІ
ЕМОЦІЇ
СПОНТАННИЙ
ВИРАЗ
ПЛИННІСТЬ
НАВИЧКА

ЗОБРАЖЕННЯ
УЯВА
ВРАЖЕННЯ
НАТХНЕННЯ
ІНТЕНСИВНІСТЬ
ІНТУЇЦІЯ
ВІДЧУТТЯ
ПОЧУТТЯ
БАЧЕННЯ

69 - Dias e Meses

Щ	Б	Н	Є	И	Ц	Ф	Л	С	Б	К	Т	У	Щ	Е	У
Н	Л	И	П	Е	Н	Ь	Л	Ч	Ч	Ц	Ф	Г	Н	Л	Р
Ч	Е	Щ	Д	Х	Ґ	Н	Е	К	В	І	Т	Е	Н	Ь	І
У	Е	Д	Ж	Ю	Р	Е	М	Ч	Е	Р	В	Е	Н	Ь	К
І	Ч	Т	І	А	М	Ч	І	Т	И	Ж	Д	Е	Н	Ь	Т
Ґ	С	Ш	В	Л	Щ	І	С	К	А	Л	Е	Н	Д	А	Р
В	Б	Ж	Р	Е	Я	С	Я	Ж	О	В	Т	Е	Н	Ь	М
Р	Б	Г	М	Є	Р	У	Ц	Я	Ч	Ц	Г	І	Ґ	И	Ш
Ф	Ф	А	У	Ц	Ч	В	Ь	Л	Х	П	Х	Ч	О	Ч	Х
Ф	О	Т	А	Ш	С	П	П	О	Н	Е	Д	І	Л	О	К
П	Є	М	Щ	Ь	Н	Е	С	Е	Р	Е	В	І	П	С	Е
П	Я	Т	Н	И	Ц	Я	Р	Г	Р	У	Д	Е	Н	Ь	Л
Л	И	С	Т	О	П	А	Д	П	Я	К	К	Р	Ц	Ж	Ю
В	І	В	Т	О	Р	О	К	Ь	Е	Ь	Х	П	В	Ш	Т
С	У	Б	О	Т	А	М	Ю	І	А	Н	Я	Л	Т	Ґ	И
Ю	Ф	Ч	А	Ж	Е	Г	Ж	Л	Ф	А	Ь	Г	Р	Ч	Й

КВІТЕНЬ
СЕРПЕНЬ
РІК
КАЛЕНДАР
ГРУДЕНЬ
НЕДІЛЯ
ЛЮТИЙ
СІЧЕНЬ
ЛИПЕНЬ
ЧЕРВЕНЬ
МІСЯЦЬ
ЛИСТОПАД
ЖОВТЕНЬ
ЧЕТВЕР
СУБОТА
ПОНЕДІЛОК
ТИЖДЕНЬ
ВЕРЕСЕНЬ
П'ЯТНИЦЯ
ВІВТОРОК

70 - Saúde e Bem Estar #2

В	Я	К	Л	У	Ґ	М	Х	І	Л	І	І	Ч	Ш	О	К
Н	І	М	А	Т	І	В	В	Ш	І	А	П	Е	Т	И	Т
И	Г	Д	С	Ь	И	Т	О	Х	К	Н	Т	Г	С	Х	І
Ь	Р	І	Н	Е	Я	Л	Р	Д	А	Є	Р	Е	Н	Л	Н
Е	Е	Ь	Ґ	О	П	Т	О	Є	Р	І	А	Н	У	І	Ф
Н	Н	Б	Ц	Є	В	Н	Б	О	Н	Г	В	Е	Л	Р	Е
Ф	Е	Я	І	Р	О	Л	А	К	Я	І	Л	Т	Б	Є	К
З	Т	І	А	Ю	Р	М	Е	К	Ь	Г	Е	И	С	Ь	Ц
І	Д	М	П	Є	К	Т	І	Н	Ж	Щ	Н	К	А	Ц	І
О	Є	О	Л	І	Т	Р	В	А	Н	Л	Н	А	П	Ш	Я
М	Е	Т	Р	Ш	Ц	Щ	Ж	К	М	Я	Я	Ц	Л	Є	О
И	Ч	А	Ш	О	С	Д	Ю	Ш	В	А	Г	А	В	Т	М
Р	Д	Н	С	Ь	В	О	Й	І	Р	Т	С	А	Н	Ч	Ж
Ь	К	А	Ф	П	М	И	Ш	Щ	Х	Є	И	А	В	Л	Ц
А	Л	Е	Р	Г	І	Я	Й	О	У	І	Щ	Ґ	Ж	М	Щ
У	Щ	Ш	Г	Ж	Ч	Р	Л	М	Ж	Д	К	А	П	М	І

АЛЕРГІЯ
АНАТОМІЯ
АПЕТИТ
КАЛОРІЯ
ТІЛО
ДІЄТА
ТРАВЛЕННЯ
ХВОРОБА
ЕНЕРГІЯ
ГЕНЕТИКА
ГІГІЄНА
ЛІКАРНЯ
НАСТРІЙ
ІНФЕКЦІЯ
МАСАЖ
ВАГА
ВІДНОВЛЕННЯ
КРОВ
ЗДОРОВИЙ
ВІТАМІН

71 - Geografia

З	Р	У	Л	Х	У	О	Ґ	О	С	П	М	Ч	Ш	Т	Ґ
А	Т	Р	А	К	Ь	Н	Е	Д	В	І	П	Щ	И	Е	Ж
Х	Н	П	Р	О	К	Е	А	Н	І	В	Д	Ф	Р	Р	Ш
І	Е	Ї	В	Б	М	Ґ	С	О	Т	Н	І	Щ	О	И	Н
Д	Н	Х	А	Р	Е	В	Ю	Ґ	Р	І	Р	Ш	Т	Т	Т
Щ	И	К	Ц	Р	Д	Є	Б	В	І	Ч	І	Л	А	О	Ґ
Ц	Т	Ш	Д	Ц	К	Ф	Е	Ь	Д	Ґ	Ч	Р	А	Р	Ц
Ф	Н	Г	Ф	Я	Л	У	К	В	І	П	К	М	Р	І	Л
Ь	О	І	О	Ь	С	Щ	Р	М	И	Ш	А	О	Н	Я	Я
А	К	Ь	Т	Р	О	В	Ю	Е	Е	С	Н	Р	А	І	Г
А	Ч	Є	С	Ц	А	В	І	Р	Т	С	О	Е	Е	Б	Щ
Р	С	Ф	І	Р	А	Ю	Б	И	Ч	Г	О	Т	Ж	Ж	Д
Я	Д	Х	М	Р	К	Ь	И	Д	П	Т	Ь	К	А	Д	У
М	Ґ	К	Т	Ц	Х	О	Ґ	І	Ґ	Р	П	О	Ґ	Г	І
Х	М	У	Е	О	І	Е	С	А	Л	Т	А	Р	Ґ	А	Т
Ь	І	Б	С	Я	А	Г	Ф	Н	О	І	Г	Е	Р	П	Б

ВИСОТА
АТЛАС
МІСТО
КОНТИНЕНТ
ПІВКУЛЯ
ОСТРІВ
ШИРОТА
КАРТА
МОРЕ
МЕРИДІАН
ГОРА
СВІТ
ПІВНІЧ
ОКЕАН
ЗАХІД
КРАЇНА
РЕГІОН
РІЧКА
ПІВДЕНЬ
ТЕРИТОРІЯ

72 - Antártica

К	Л	И	К	И	Н	Д	І	Л	С	О	Д	П	Я	З	Н
П	О	І	Л	А	И	Л	А	Р	Е	Н	І	М	К	Б	Б
Д	А	Н	Д	І	Я	І	Ф	А	Р	Г	О	Е	Г	Е	Щ
А	Р	У	Т	А	Р	Е	П	М	Е	Т	Х	Я	Е	Р	Н
Т	Р	Ф	Є	И	Ю	Р	И	Ж	Д	Д	Н	Ш	Д	Е	Я
Х	Ю	С	Х	Ґ	Н	Л	Е	Ш	О	Ю	К	М	У	Ж	Н
У	О	Ф	М	В	М	Е	Х	Ф	В	І	Т	И	К	Е	О
Б	У	Н	Ц	Т	Л	М	Н	И	И	Л	В	Ч	Н	Н	С
П	І	Н	Г	В	І	Н	И	Т	Щ	Н	С	О	Р	Н	Т
П	І	В	О	С	Т	Р	І	В	Е	А	С	Х	Д	Я	Р
Ч	О	Я	Ч	Е	К	С	П	Е	Д	И	Ц	І	Я	А	І
И	П	Б	Є	С	К	Е	Л	Я	С	Т	И	Й	Я	І	В
У	Н	А	У	К	О	В	И	Й	Л	В	С	Т	В	М	Є
Е	Л	Ь	О	Д	О	В	И	К	І	В	Ж	С	Щ	Ю	О
Б	М	І	Г	Р	А	Ц	І	Я	С	Х	И	Л	Ь	К	У
Т	О	П	О	Г	Р	А	Ф	І	Я	Г	Щ	Ц	І	К	І

СЕРЕДОВИЩЕ
ВОДА
БУХТА
КИТІВ
НАУКОВИЙ
ЗБЕРЕЖЕННЯ
КОНТИНЕНТ
ЕКСПЕДИЦІЯ
ЛЬОДОВИКІВ
ЛІД
ГЕОГРАФІЯ
ОСТРІВ
ДОСЛІДНИК
МІГРАЦІЯ
МІНЕРАЛИ
ПІВОСТРІВ
ПІНГВІНИ
СКЕЛЯСТИЙ
ТЕМПЕРАТУРА
ТОПОГРАФІЯ

73 - Flores

Х	У	Ш	Ц	А	Р	Ь	Ч	К	Ц	Ш	Р	Т	Я	Ж	І
П	Р	І	Щ	Т	Р	С	Д	У	Ґ	И	О	Ю	Ш	Щ	Ф
К	И	Н	Ш	Я	Н	О	С	Л	Щ	Є	М	Л	С	Ґ	Ф
О	А	Ґ	Б	М	Л	М	У	Ь	Є	М	А	Ь	Ф	Г	С
З	К	Л	С	У	К	С	І	Б	І	Г	Ш	П	Ш	Ш	Ґ
У	Т	Б	Е	Ч	Н	Р	Ю	А	Т	П	К	А	Щ	К	Р
Б	С	У	Я	Н	Ж	Ь	Д	Б	Б	Ш	А	Н	Ц	С	Б
И	Ю	К	Є	И	Д	Г	Л	А	Н	И	Ш	Ю	Н	О	К
Е	Л	Е	Ш	М	К	У	А	Я	М	Д	Є	В	Ф	Ф	П
К	Е	Т	Х	С	У	Л	Л	Р	О	А	Ь	Ґ	Б	Х	Л
У	П	Л	К	А	М	К	С	А	Д	Н	Я	О	Р	Т	Ю
С	Ш	М	В	Ж	К	С	О	Ь	Ф	Е	Х	Ц	А	Л	М
Л	А	В	А	Н	Д	А	Н	Ш	Є	М	Н	Д	О	І	Е
Ш	К	О	К	К	Р	І	Д	І	О	Щ	І	І	П	Л	Р
М	А	Г	Н	О	Л	І	Я	Н	Г	І	Ж	В	Я	І	І
П	І	В	О	Н	І	Я	Е	Д	І	Х	Р	О	В	Я	Я

БУКЕТ
КАЛЕНДУЛА
КУЛЬБАБА
ГАРДЕНІЯ
СОНЯШНИК
ГІБІСКУС
ЖАСМИН
ЛАВАНДА
БУЗОК
ЛІЛІЯ
МАГНОЛІЯ
РОМАШКА
ОРХІДЕЯ
МАК
ПІВОНІЯ
ПЕЛЮСТКА
ПЛЮМЕРІЯ
ТРОЯНДА
КОНЮШИНА
ТЮЛЬПАН

74 - Fazenda #1

А	А	З	К	Р	Ю	М	Х	М	Ж	Л	Ч	Ч	З	Ч	С
А	И	Х	Е	У	Я	В	А	В	О	Р	О	К	Г	Л	В
Ю	А	Б	Л	М	Р	Ж	І	Ц	О	І	Л	І	Р	С	И
Ґ	Е	Т	О	Ю	Л	К	І	И	Щ	Д	Д	Н	А	К	Н
Ч	Г	Е	П	М	Е	Я	А	З	О	К	А	Ь	Я	І	Я
Ф	Я	Р	И	Б	С	Е	П	Щ	Р	М	Л	Р	Л	Ш	Т
Е	У	Ь	К	Г	О	М	К	Б	Р	Є	О	И	Е	К	Ш
Т	О	М	И	Х	І	С	І	Н	О	Ф	Ж	С	Т	А	К
И	Ц	Д	О	Б	Р	И	В	О	Д	В	Д	М	Ф	В	Ґ
П	Л	Е	М	Р	Б	О	Ф	Щ	Ш	Б	Б	Я	А	О	О
Н	Ш	М	Г	П	А	О	Л	Ь	Ю	Є	Ш	И	Ь	Р	Н
Ф	У	К	Я	Ч	Ц	Р	Ґ	Ь	Т	Ґ	М	І	А	О	Ш
В	Щ	Ю	И	Н	Я	Ж	Л	В	Ь	У	В	Ч	В	Н	С
Ш	Є	Г	Р	Ґ	С	П	А	Р	К	А	Н	Г	Ц	А	К
Ґ	Н	С	Ц	Н	П	Ь	И	О	А	Я	Щ	Є	Ґ	Ґ	Я
Ж	О	О	Є	Я	Х	О	Е	Щ	Б	Я	Є	О	А	Р	Т

БДЖОЛА
РИС
ВОДА
ТЕЛЯ
ОСЕЛ
КОЗА
ПОЛЕ
КІНЬ
ПЕС
ПАРКАН
ВОРОНА
СІНО
ДОБРИВО
КУРКА
КІШКА
МЕД
СВИНЯ
ЗГРАЯ
ЗЕМЛЯ
КОРОВА

75 - Livros

П	С	Ц	П	У	Е	Е	Т	И	И	М	Х	Ч	М	Г	Е
О	Д	Т	Г	Р	Р	П	Б	Ь	Ґ	Б	К	Е	Ь	С	Р
Е	Л	О	О	І	И	Н	О	К	О	Н	Т	Е	К	С	Т
З	С	П	Ю	Р	Я	Г	В	П	Г	К	Х	Я	Н	Е	У
І	І	О	Ч	Л	І	Ц	О	И	Е	Е	Л	І	Щ	О	Б
Я	П	В	П	І	Р	Н	Ґ	Д	Ч	Ї	О	Ц	Щ	Г	Д
У	Ц	І	О	Т	О	Т	К	Ц	А	М	А	К	Ж	Ь	Ц
Р	Н	Д	Д	Е	Т	П	Ь	А	Т	Я	Н	Е	Є	Л	Р
О	А	А	В	Р	С	Ч	Л	Ю	И	Ц	Е	Л	Р	Д	Щ
М	П	Ч	І	А	І	С	С	Б	Ч	Ж	У	О	І	И	Т
А	И	Е	Й	Т	О	Ш	Ф	Х	А	Р	А	К	Т	Е	Р
Н	С	О	Н	У	В	В	С	Е	Р	І	Я	Щ	С	Н	О
Ш	А	Д	І	Р	І	Н	Д	І	В	О	П	Д	І	В	Т
Ь	Н	Н	С	Н	Р	Т	Р	А	Г	І	Ч	Н	И	Й	В
Д	А	Ю	Т	И	Ш	У	Р	Є	Ь	А	Н	Ж	Ш	К	А
А	К	Е	Ь	Й	И	Н	Ч	И	Р	О	Т	С	І	Ь	Є

АВТОР
ПРИГОДА
КОЛЕКЦІЯ
КОНТЕКСТ
ПОДВІЙНІСТЬ
НАПИСАНА
ЕПОПЕЇ
ІСТОРІЯ
ІСТОРИЧНИЙ
ЧИТАЧ
ЛІТЕРАТУРНИЙ
ОПОВІДАЧ
СТОРІНКА
ХАРАКТЕР
ВІРШ
ПОЕЗІЯ
ВІДПОВІДНІ
РОМАН
СЕРІЯ
ТРАГІЧНИЙ

76 - Chocolate

І	І	П	А	А	У	Н	І	А	Т	К	Ж	У	Є	Ж	К
Н	А	Є	Е	П	Ь	Л	Е	М	А	Р	А	К	О	Ґ	О
Г	Щ	Ф	Л	Н	Я	В	Ю	Л	Ф	Б	Х	К	Л	Є	К
Р	О	К	У	Ц	Ь	Ю	Е	Б	Ф	И	А	Т	А	Д	О
Е	І	А	Ю	П	Ю	Я	И	І	Л	Н	Н	Н	Ц	О	С
Д	С	М	А	Ч	Н	И	Й	І	Ж	Е	Ф	А	Я	Л	Г
І	Н	Ч	И	Т	О	З	К	Е	Е	Ж	Н	Д	Е	Г	Х
Є	М	Г	Р	В	Ь	Ґ	О	И	Н	Б	Ш	И	М	І	Ч
Н	Я	К	І	С	Т	Ь	Ш	М	Б	А	Н	С	Й	Р	П
Т	П	Я	С	И	Б	Щ	О	Б	Я	Ф	Т	К	И	К	Л
А	Я	В	Є	І	Й	І	Р	О	Л	А	К	О	К	И	А
М	Ш	Н	Ь	Ш	Х	І	О	Е	Ю	Б	Л	И	Д	Й	Д
О	Ж	Б	Ц	Н	Т	А	П	Ц	С	Б	Щ	Т	О	Д	Є
Р	Ф	Ю	К	Г	Х	П	Р	Х	Є	Х	Р	Н	Л	Ц	Ш
А	С	В	О	С	Є	С	М	А	К	Р	Х	А	О	В	Ф
Ґ	Ц	У	М	Р	Е	Ц	Е	П	Т	І	Ж	И	С	У	Є

ЦУКОР
ГІРКИЙ
АРАХІС
АНТИОКСИДАНТ
КАКАО
КАЛОРІЙ
КАРАМЕЛЬ
КОКОС
СМАЧНИЙ
СОЛОДКИЙ
ЕКЗОТИЧНІ
УЛЮБЛЕНИЙ
СМАК
ІНГРЕДІЄНТ
ПОРОШОК
ЯКІСТЬ
РЕЦЕПТ
АРОМАТ

77 - Governo

Б	Ю	І	Е	М	Ю	Я	Ч	Т	Щ	К	П	О	Я	Б	Г
Н	А	Ц	І	О	Н	А	Л	Ь	Н	И	Й	Б	І	А	Є
Н	І	Е	С	Ж	З	М	О	Т	А	Н	В	Г	П	Є	П
С	Е	Х	Т	Ц	А	И	В	С	Т	Т	Ґ	О	Ю	Є	Й
С	У	З	У	В	К	Р	М	І	С	Я	Ф	В	В	Д	И
Р	У	Д	А	Ґ	О	Н	И	Н	Ж	М	С	О	П	М	Н
Л	А	П	О	Л	Н	О	С	В	Д	А	М	Р	Ц	І	Ь
И	Ь	Й	С	В	Е	Н	Б	І	Щ	П	Р	Е	Д	І	Л
Щ	М	Ь	О	Є	О	Ж	А	Р	Ц	Б	Ч	Н	А	І	І
Н	М	Є	О	Н	Г	Ї	Н	Р	Н	І	Г	Н	Д	А	В
М	О	В	Л	Е	Н	Н	Я	І	К	Т	Ц	Я	П	Ц	И
П	О	Л	І	Т	И	К	А	Ю	С	А	Г	О	Ш	І	Ц
Ь	У	Х	К	Я	І	Ц	У	Т	И	Т	С	Н	О	К	Х
Н	А	Ц	І	Я	Ч	А	П	В	Б	Х	Ь	Я	С	В	Г
Д	Е	М	О	К	Р	А	Т	І	Я	Ж	В	Л	Щ	Ь	Ю
С	В	О	Б	О	Д	А	И	Р	Ш	Л	В	И	Ґ	Ю	Я

ЦИВІЛЬНИЙ
КОНСТИТУЦІЯ
ДЕМОКРАТІЯ
МОВЛЕННЯ
ОБГОВОРЕННЯ
РАЙОН
СТАН
РІВНІСТЬ
НЕЗАЛЕЖНІСТЬ
СУДОВОЇ
ЗАКОН
СВОБОДА
ЛІДЕР
ПАМ'ЯТНИК
НАЦІОНАЛЬНИЙ
НАЦІЯ
МИРНО
ПОЛІТИКА
СИМВОЛ

78 - Jardinagem

Ґ	К	Ф	Ш	Ф	Л	Е	К	Ґ	Ю	Р	Н	Н	Т	И	Ю
Д	П	О	Ш	Ч	И	Б	К	М	І	Г	Н	М	І	У	Х
Р	Х	І	М	Ц	С	С	С	З	И	Ю	Е	С	І	П	Ч
Ф	М	С	Й	П	Т	Х	Ц	Н	О	Ь	Є	К	Е	А	Б
С	Е	Щ	В	И	О	Є	Ф	Р	Я	Т	С	И	Л	О	Я
Е	Г	Ц	Є	Я	Н	С	П	В	Щ	Д	И	Ґ	Ґ	У	Ш
З	Ґ	Р	У	Н	Т	Ч	Т	Е	К	У	Б	Ч	Н	О	Л
О	Р	Е	Ю	Н	К	В	І	Т	К	О	В	І	Н	Б	А
Н	У	Н	Н	І	М	Ч	Х	Н	Б	Є	Н	Ц	Б	І	Н
Н	Є	Й	Ж	С	К	Є	Ч	Ц	А	Ю	Р	Е	Г	Т	Г
И	Г	Е	Д	А	С	Й	И	В	О	Т	К	У	Р	Ф	Ч
Й	Н	Т	И	Н	Б	Р	У	Д	И	Ь	О	Ь	Є	И	Ь
Й	И	Н	В	І	Т	С	Ї	Х	Ь	Б	П	Б	Є	Ю	Р
О	Ю	О	А	Ц	В	І	Т	К	Л	І	М	А	Т	А	М
П	Ч	К	Ю	В	О	Л	О	Г	І	Я	Ю	В	О	Д	А
Я	Ь	Н	Г	Н	Ь	М	Е	К	М	Н	К	У	Г	Д	О

ВОДА
БОТАНІЧНИЙ
БУКЕТ
КЛІМАТ
ЇСТІВНИЙ
КОМПОСТ
ВИД
ЕКЗОТИЧНІ
ЦВІТ
КВІТКОВІ
ЛИСТ
ЛИСТЯ
ШЛАНГ
ФРУКТОВИЙ САД
КОНТЕЙНЕР
СЕЗОННИЙ
НАСІННЯ
ҐРУНТ
БРУД
ВОЛОГІ

79 - Profissões #2

Л	В	І	А	А	С	Т	О	М	А	Т	О	Л	О	Г	Ж
І	И	У	Б	М	С	Л	Д	М	Ґ	Е	Я	Ш	Ч	Р	Ю
Н	Н	О	Ь	Л	Е	Т	И	Ч	В	Я	А	А	М	У	Ь
Г	А	Ш	А	В	Х	С	Р	Р	К	Є	Л	Ь	Ш	Р	С
В	Х	Ф	І	І	Г	І	О	О	И	У	І	Р	Д	І	А
І	І	Н	Ч	Н	Х	Л	Т	К	Н	В	Ю	А	В	Х	Д
С	Д	Ь	У	Ж	У	А	А	А	Д	А	Ж	К	З	Ш	І
Т	Н	С	Б	Е	Д	Н	Р	Е	І	Л	В	Е	О	Щ	В
Д	И	О	Я	Н	О	Р	Т	П	Л	І	Ю	Т	О	М	Н
Д	К	С	Ж	Е	Ж	У	С	І	С	К	Ь	О	Л	Р	И
Ґ	Ж	Р	Ш	Р	Н	Ж	Ю	Л	О	А	С	І	О	Т	К
Ш	Ґ	Ю	Е	Ю	И	Р	Л	О	Д	Р	Т	Л	Г	С	Х
Б	Ц	И	Ф	М	К	Ь	І	Т	Ґ	Ф	У	Б	И	Ч	У
Ф	О	Т	О	Г	Р	А	Ф	О	С	О	Л	І	Ф	Ю	Р
Б	І	О	Л	О	Г	Е	Е	Щ	У	Д	Щ	Б	Є	Ь	С
Ю	Ф	А	А	С	Н	Ш	Ф	Р	Х	Ж	Ш	Ч	Ф	А	С

ФЕРМЕР
АСТРОНАВТ
БІБЛІОТЕКАР
БІОЛОГ
ХІРУРГ
СТОМАТОЛОГ
ІНЖЕНЕР
ФІЛОСОФ
ФОТОГРАФ
ІЛЮСТРАТОР
ВИНАХІДНИК
ДОСЛІДНИК
САДІВНИК
ЖУРНАЛІСТ
ЛІНГВІСТ
ЛІКАР
ПІЛОТ
ХУДОЖНИК
ВЧИТЕЛЬ
ЗООЛОГ

80 - Negócios

Ф	Ц	Ф	Б	Ю	Ф	Н	Д	У	Т	Ю	Л	Е	З	Н	В
П	І	Є	У	Ч	Н	Ґ	Л	Г	Є	И	У	Х	Н	Ф	А
О	Ь	Н	Щ	Ґ	Ш	Є	О	К	О	Т	У	Б	И	Р	П
Д	Ч	В	А	О	Ф	І	С	Ю	О	Т	А	В	Ж	Р	Г
А	К	Б	П	Н	М	А	Г	А	З	И	Н	І	К	Н	Н
Т	И	Щ	Ю	Ш	С	У	Щ	Ю	Ч	Ж	Щ	Н	А	Ц	Н
К	Н	Б	С	Д	Х	И	Є	Д	Ш	Х	Ю	В	Т	Т	І
И	В	С	У	П	Ж	К	А	Р	Є	Р	Д	Е	Ю	Н	Л
И	І	Ш	Е	Ш	Д	Е	И	П	Ц	Ж	Я	С	Л	Ф	С
Ь	Ц	Е	В	А	Д	О	Т	О	Б	О	Р	Т	А	Ф	Т
Д	А	Н	Ь	В	А	Р	Т	І	С	Т	Ь	И	В	А	О
О	Р	Ч	Щ	Я	І	Н	А	П	М	О	К	Ц	Я	Б	В
Х	П	В	І	Ц	Ш	П	Р	О	Д	А	Ж	І	Ю	Р	А
І	М	А	Е	К	О	Н	О	М	І	К	А	Ї	Ґ	И	Р
Д	Б	В	Л	Л	Р	Ґ	Т	К	У	Ф	В	К	Н	К	О
Х	Ь	І	Ч	Е	Г	Д	Є	Ж	В	И	Л	Т	Т	А	В

КАР'ЄР
ВАРТІСТЬ
ЗНИЖКА
ГРОШІ
ЕКОНОМІКА
ПРАЦІВНИК
РОБОТОДАВЕЦЬ
КОМПАНІЯ
ОФІС
ФАБРИКА
ФІНАНСИ
ПОДАТКИ
ІНВЕСТИЦІЇ
МАГАЗИН
ПРИБУТОК
ТОВАР
ВАЛЮТА
БЮДЖЕТ
ДОХІД
ПРОДАЖ

81 - Fazenda #2

Я	Р	К	А	О	П	С	М	Е	Т	Д	Ч	Ж	Л	П	Ф
Ґ	П	С	І	П	В	Ч	Х	Д	Щ	В	Р	Х	Л	А	Р
О	Х	Є	Л	А	Ш	О	М	А	Л	Ж	Ю	У	А	С	У
Ц	В	Т	Г	Ю	С	Е	Ч	С	Є	Щ	П	Ф	М	Т	К
В	У	Л	И	К	Х	К	Н	Й	А	Р	А	С	А	У	Т
К	Х	Б	Т	Ш	Ц	А	И	И	С	Ґ	Д	М	Ф	Х	А
И	У	Е	С	К	Р	Ч	Р	В	Ц	С	Ч	Р	И	Є	Х
С	Г	К	Л	У	Г	К	А	О	А	Я	В	І	В	Ц	Я
Е	К	С	У	Х	С	А	В	Т	Т	Н	М	З	Ф	Ь	Е
Х	Р	Ь	Ч	Р	Б	К	Т	К	Р	Г	О	Р	Е	Щ	Е
Ш	А	М	Ф	Л	У	К	Н	У	А	Я	Л	О	Р	С	М
Я	Ч	М	І	Н	Ь	Д	Ф	Р	К	Ц	О	Ш	М	П	Р
П	А	Є	О	Р	Я	П	З	Ф	Т	Т	К	Е	Е	Д	Л
Ф	С	Р	О	Я	Ь	А	Ж	А	О	Щ	О	Н	Р	Ж	Л
Х	Г	Ц	Р	К	С	Л	І	Х	Р	Я	У	Н	Ю	Ж	Р
Ґ	С	Н	Л	Н	И	Я	Ш	М	И	И	В	Я	В	Я	І

ФЕРМЕР
ТВАРИН
САРАЙ
ЯЧМІНЬ
ВУЛИК
ЯГНЯ
ФРУКТ
ЗРОШЕННЯ
МОЛОКО
ЛАМА
СТИГЛІ
КУКУРУДЗА
ВІВЦЯ
ПАСТУХ
КАЧКА
ФРУКТОВИЙ САД
ЛУГ
ТРАКТОР
ПШЕНИЦЯ
ОВОЧ

82 - Jardim

Л	О	З	А	І	У	Ь	Б	Х	Т	М	Ґ	Ж	Ш	Ь	Ж
М	В	К	Р	Б	Ц	Л	Б	Н	Ч	І	Щ	Г	Р	Щ	Г
Т	С	Я	В	К	А	В	А	А	Н	О	З	А	Г	Н	Т
Ф	А	С	А	Р	Е	Т	В	Д	Т	Ч	Ш	Н	Р	Л	В
Ф	Д	К	А	М	А	Г	Ю	У	І	У	К	О	А	А	О
Р	Р	Ґ	Т	Д	Е	Р	Е	В	О	Н	Т	К	Б	В	И
М	Щ	У	У	І	Х	Ш	Д	Ґ	Р	У	Н	Т	Л	А	Ю
У	О	Р	К	О	В	А	Т	С	Д	Т	А	М	І	О	С
Ц	Г	Н	Г	Т	А	К	Ч	И	Ш	Р	К	И	І	Е	Ж
Г	А	Р	А	Ж	О	Ш	Л	А	Н	Г	Р	Н	Е	Щ	Т
Л	О	П	А	Т	А	В	А	Р	Т	Ж	А	Л	Є	Ц	Щ
В	Ц	С	Д	Є	П	П	И	Ш	П	П	П	Л	Х	Ф	С
К	Б	Ш	У	Ч	Т	Т	Е	Й	О	Ш	Ж	Ц	К	А	Ю
П	Т	У	Ш	И	Ф	В	Н	А	С	Ж	Ь	Е	Ф	Н	В
С	І	П	Л	В	Ш	Н	П	Л	Т	А	У	К	У	Щ	Е
Ж	Ц	Ь	П	Л	Ж	Є	Ґ	Ь	П	Н	Д	Т	Р	О	П

ГРАБЛІ
КУЩ
ДЕРЕВО
ЛАВА
ПАРКАН
КВІТКА
ГАРАЖ
ТРАВА
ГАЗОН
САД

СТАВОК
ГАМАК
ШЛАНГ
ЛОПАТА
ФРУКТОВИЙ САД
ҐРУНТ
ТЕРАСА
БАТУТ
ГАНОК
ЛОЗА

83 - Política

Я	Щ	Е	Ч	Ґ	К	У	Ш	С	Ґ	Д	В	Х	Т	Х	А
Ц	Л	Д	Ь	Т	С	І	Н	Р	Я	Л	У	П	О	П	К
Н	А	Ц	І	О	Н	А	Л	Ь	Н	И	Й	М	С	С	Т
Ґ	П	В	А	Г	О	М	Е	Р	Е	П	С	Л	К	В	И
Ц	Д	В	О	І	Є	Я	К	И	І	Ч	О	Х	С	А	В
С	В	Ь	Х	Ю	Ю	І	Ж	Е	С	В	Г	П	В	А	І
Т	Я	Ч	О	М	Л	Г	Ш	Т	Г	У	Н	С	Ь	Р	С
Т	І	І	І	Ь	І	Е	М	И	Е	Р	С	І	Ш	Є	Т
Ф	Н	И	Я	Л	В	Т	Є	К	Е	Є	А	Т	С	Ь	М
К	А	Н	Д	И	Д	А	Т	А	Н	П	К	Т	Е	Т	Щ
И	П	Р	Р	Ь	К	Р	С	Л	Д	Я	И	Н	Ж	В	Ь
Т	М	А	Ф	Ш	Б	Т	К	О	М	І	Т	Е	Т	И	Ч
І	А	Д	Ж	Л	Є	С	А	Р	Ф	М	І	Д	І	Б	К
Л	К	А	Ґ	Д	Ц	П	Е	Д	Є	Е	Л	Є	Ж	І	Ш
О	Є	У	Р	Я	Д	Ю	П	Х	О	Е	О	Д	Б	Р	Ж
П	С	В	О	Б	О	Д	А	У	М	П	П	Н	М	Щ	Е

АКТИВІСТ
КАМПАНІЯ
КАНДИДАТ
КОМІТЕТ
РАДА
ВИБІР
СТРАТЕГІЯ
ЕТИКА
УРЯД
РІВНІСТЬ
ПОДАТКИ
СВОБОДА
НАЦІОНАЛЬНИЙ
ДУМКА
ПОЛІТИКА
ПОЛІТИК
ПОПУЛЯРНІСТЬ
ПЕРЕМОГА

84 - Oceano

Г	Ж	О	Ч	Н	Е	В	О	Ч	Ш	Я	Д	Ц	У	Е	І
М	В	Т	Г	І	И	Щ	У	Ґ	О	Ж	Є	Г	Н	Ф	Ц
Щ	Е	А	К	У	Л	А	Щ	Г	Д	Е	Л	Ь	Ф	І	Н
Д	К	Д	С	І	Л	Ь	С	И	О	Д	Ц	Р	Й	Д	Ґ
Л	И	С	У	К	А	Т	І	Л	Р	Р	Ч	І	И	Ж	І
Ч	Д	Е	Ц	З	К	Р	Е	В	Е	Т	К	И	В	Б	Ю
К	И	Г	Д	Ш	А	Х	А	П	Е	Р	Е	Ч	О	В	А
Х	К	І	У	Л	Ґ	С	А	Ф	І	Л	Т	Г	Л	О	К
Щ	Ґ	Н	Ю	Ш	Ь	О	Х	К	У	Щ	Р	Я	А	Д	Б
П	Р	И	П	Л	И	В	И	К	Є	Н	Р	Т	Р	О	У
Є	Д	М	К	Т	Р	Ґ	Г	И	У	Є	И	Б	О	Р	Г
М	Т	Ь	Ц	Е	Н	У	Т	Т	Ч	О	Ф	Ш	К	О	Ф
Щ	В	С	У	С	Т	Р	И	Ц	Я	К	Р	А	Б	С	В
Ж	І	О	И	Ч	О	В	Ш	У	Р	Щ	Є	Ч	О	Т	С
Ч	Ґ	В	Б	Ю	Ф	Ж	Ф	Г	У	Ц	К	Ч	Л	Е	Ф
П	І	В	І	Н	Ц	Р	Т	К	Б	С	М	Н	Ш	Й	Б

ВОДОРОСТЕЙ
ТУНЕЦЬ
КИТ
ЧОВЕН
КРЕВЕТКИ
КРАБ
КОРАЛОВИЙ
ВУГОР
ГУБКА
ДЕЛЬФІН
ПРИПЛИВИ
МЕДУЗА
УСТРИЦЯ
РИБА
ВОСЬМИНІГ
РИФ
СІЛЬ
ЧЕРЕПАХА
БУРЯ
АКУЛА

85 - Profissões #1

А	Д	В	О	К	А	Т	Ц	А	Ж	Ж	М	Ч	Р	Ц	О
М	Е	Д	С	Е	С	Т	Р	А	Е	Ч	Ж	О	Д	И	Ц
Ь	А	Х	А	П	М	У	З	И	К	А	Н	Т	Р	Н	Р
Щ	Ф	Ґ	Б	В	Г	С	Т	Й	И	Н	Е	Ч	В	Я	І
Ш	Г	Т	П	О	Ф	А	Т	М	Н	П	Я	Ч	Л	В	К
А	Р	Р	Ч	И	Ю	Т	С	Р	Ж	К	Ч	Ч	Л	Д	Н
С	А	Н	Т	Е	Х	Н	І	К	Е	С	У	Ц	Е	Ь	А
П	О	С	О	Л	М	Т	Н	С	Ж	П	С	Т	Є	Ц	Б
Ж	И	А	П	Ю	О	А	А	Р	О	Т	К	А	Д	Е	Р
І	Ч	Я	Г	Ф	Н	Н	І	В	П	Т	И	Ц	А	В	М
И	Ю	Л	О	Ш	О	Ц	П	Ґ	Ч	Г	Н	О	Г	И	К
Ю	В	Е	Л	І	Р	Ю	О	И	Ф	Ч	Ж	Я	Х	Л	Г
Є	Г	Б	О	И	Т	Р	Ж	Г	О	Л	О	Х	И	С	П
М	Ь	Ґ	Е	С	С	И	В	С	Д	Н	Д	Х	А	И	Ю
М	Ґ	Б	Г	Л	А	С	У	С	Г	Ц	У	К	Ь	М	С
Ф	Ф	А	Р	Г	О	Т	Р	А	К	Н	Х	К	Ґ	Д	Є

АДВОКАТ
ХУДОЖНИК
АСТРОНОМ
БАНКІР
ПОЖЕЖНИК
МИСЛИВЕЦЬ
КАРТОГРАФ
ВЧЕНИЙ
ТАНЦЮРИСТ
РЕДАКТОР
ПОСОЛ
САНТЕХНІК
МЕДСЕСТРА
ГЕОЛОГ
ЮВЕЛІР
МОРЯК
МУЗИКАНТ
ПІАНІСТ
ПСИХОЛОГ

86 - Força e Gravidade

Я	И	Б	В	И	Л	П	В	У	Ц	Х	Я	Т	О	В	Р
Ф	І	З	И	К	А	Е	Л	І	Н	В	Р	И	М	Л	О
Л	І	Н	В	П	П	О	Я	А	С	А	Ч	С	Щ	А	З
Ш	В	И	Д	К	І	С	Т	Ь	Н	Ь	А	К	М	С	Ш
Г	Є	Д	Ґ	Ф	Т	Ц	Т	М	Є	Е	Д	Ф	А	Т	И
Х	Щ	Р	И	Ь	Т	М	И	О	Е	Щ	Т	Ь	Г	И	Р
В	А	Г	А	Н	Я	П	Р	Т	Н	Е	Ц	М	Н	В	Е
Ш	Ж	Щ	В	А	А	Р	К	І	О	Ю	Т	П	Е	О	Н
У	С	Б	Л	Т	В	М	Д	Ю	А	У	Е	О	Т	С	Н
И	Т	Г	Н	С	Х	Б	І	Г	К	Ш	Р	Ч	И	Т	Я
Х	І	Я	Р	Д	Р	Ж	В	Ч	І	Я	Т	І	З	І	С
Л	Х	Б	Я	І	Е	К	К	П	Н	Ь	Я	У	М	Х	Л
Ш	Х	Б	Е	В	О	Ч	Ґ	Н	А	И	Ч	К	И	Ґ	О
О	Р	Б	І	Т	А	Н	Б	В	Х	Щ	Й	К	М	Ц	І
В	Е	Л	И	Ч	И	Н	А	Р	Е	О	Ж	І	Р	Є	Л
Ж	А	Р	У	Х	Ш	Ь	Н	Ц	М	Ь	Ч	І	Л	Ж	Г

ТЕРТЯ
ЦЕНТР
ВІДКРИТТЯ
ДИНАМІЧНИЙ
ВІДСТАНЬ
ВІСЬ
РОЗШИРЕННЯ
ФІЗИКА
ВПЛИВ
МАГНЕТИЗМ
ВЕЛИЧИНА
МЕХАНІКА
ОРБІТА
ВАГА
ПЛАНЕТ
ТИСК
ВЛАСТИВОСТІ
ШВИДКІСТЬ
ЧАС

87 - Ciência

В	Б	Х	У	Ь	К	М	Д	Е	Ф	Х	М	Я	Щ	В	Г
Я	Ч	Л	Х	П	Ґ	Т	А	М	І	Л	К	І	О	И	Р
Є	Н	Е	Я	В	П	Г	Н	І	Н	Ж	Є	Р	О	К	А
И	Ш	Ч	Н	К	М	З	І	Н	А	Г	Р	О	И	О	В
Е	Ж	Н	Н	И	Г	Щ	Ч	Ч	Д	Л	Л	Т	Ф	П	І
В	Б	Л	Е	К	Й	У	Г	І	О	Е	К	А	Ю	Н	Т
О	С	Р	Ж	Н	Ф	Ч	К	М	Р	Ц	Д	Р	И	И	А
Л	І	Г	Е	И	Р	І	Н	І	И	В	Х	О	М	Й	Ц
Ю	С	В	Р	Т	Ф	О	З	Х	Р	О	Ґ	Б	О	И	І
Ц	Ф	І	Е	С	Ж	Ш	С	И	П	Ж	И	А	Л	Ж	Я
І	М	О	Т	А	А	Ь	Б	Л	К	Ц	Ш	Л	Е	Ґ	Ж
Я	Б	Н	С	Ч	Г	Я	Ж	Ц	И	А	Ф	Т	К	А	Ф
И	Е	Ь	О	М	Е	Т	О	Д	Д	Н	Ф	Ь	У	К	Є
Л	Ч	Ц	П	Ю	Х	Ц	С	Х	И	Б	И	Т	Л	Г	Д
Ж	Щ	И	С	Г	І	П	О	Т	Е	З	А	Ю	И	Н	Ф
Т	Д	Т	Ш	М	І	Н	Е	Р	А	Л	И	У	Р	Ф	Т

АТОМ
ВЧЕНИЙ
КЛІМАТ
ДАНІ
ЕВОЛЮЦІЯ
ФАКТ
ФІЗИКА
ВИКОПНИЙ
ГРАВІТАЦІЯ
ГІПОТЕЗА
ЛАБОРАТОРІЯ
МЕТОД
МІНЕРАЛИ
МОЛЕКУЛИ
ПРИРОДА
СПОСТЕРЕЖЕННЯ
ОРГАНІЗМ
ЧАСТИНКИ
РОСЛИНИ
ХІМІЧНІ

88 - Comida #1

А	М	Ж	Щ	І	Є	Ш	Л	Р	О	І	Є	Ь	М	А	Е
Х	Д	Ж	Ш	І	С	П	Я	А	Р	Е	Я	Ж	Я	Б	Т
Ю	У	Х	Ґ	Ж	Ч	Ґ	Х	М	Б	Ц	Ц	Ь	Д	Р	Г
Ґ	Г	І	Е	У	Ь	Я	Ц	И	Н	У	Л	О	П	И	К
У	Ц	Ц	Ф	Л	К	Г	А	Ю	О	К	С	У	П	К	Ч
Ф	Д	С	Х	Е	Я	Н	Р	Ц	М	О	Х	Н	И	О	Л
Т	У	Н	Е	Ц	Ь	И	Я	М	И	Р	В	А	І	С	Т
Ф	Н	С	Щ	Ґ	І	Н	Е	Ь	Л	І	С	С	Ф	И	Б
Ь	Н	І	М	Ч	Я	М	О	Ю	У	Л	Ч	Б	В	Е	Ж
Х	Н	Х	Е	Я	Т	Р	О	Т	С	Н	Г	Ґ	Я	Ш	Ф
О	Ч	А	С	Н	И	К	І	Є	І	В	Т	А	Л	А	С
Р	А	Р	В	І	О	Я	С	П	К	Ч	А	Ь	У	Ф	Ґ
В	Ґ	А	Т	К	Ч	Є	М	Ч	А	Ґ	Н	С	Б	Ц	Я
Ч	У	П	Є	Ґ	Р	В	Ж	Х	Ф	Е	И	Ц	И	Д	Є
К	О	Р	И	Ц	Я	О	В	Є	Ь	У	П	Л	Ц	Л	І
М	О	Л	О	К	О	О	М	Ю	Ц	И	Ш	Є	С	С	Ь

ЦУКОР
ЧАСНИК
АРАХІС
ТУНЕЦЬ
ТОРТ
КОРИЦЯ
ЦИБУЛЯ
МОРКВА
ЯЧМІНЬ
АБРИКОС
ШПИНАТ
МОЛОКО
ЛИМОН
ВАСИЛЬ
ПОЛУНИЦЯ
РІПА
СІЛЬ
САЛАТ
СУП
СІК

89 - Geometria

Т	Б	І	Н	Ь	Л	А	К	И	Т	Р	Е	В	С	Д	Е
К	Р	Ч	В	А	Т	І	Щ	Ь	С	Ь	В	И	И	Х	Ю
П	О	И	Ф	У	Ч	Х	Х	М	Я	Х	У	С	М	О	А
Л	А	Л	К	М	Е	Д	І	А	Н	А	Д	О	Е	Е	Р
О	В	Р	О	У	Ф	Ь	Х	М	Х	Ю	І	Т	Т	Щ	Р
М	И	К	А	Ж	Т	Б	Х	Х	Р	Ф	А	А	Р	К	П
К	Р	У	Е	Л	Н	Н	Щ	П	Е	Ц	М	А	І	П	У
Ч	К	Т	А	В	Е	У	И	Ю	В	Е	Е	Ш	Я	Р	М
Ч	И	С	Л	О	М	Л	И	К	О	Ь	Т	Ф	Г	О	Ь
Д	М	Ч	Є	Ж	Г	К	Ь	Г	П	Ч	Р	В	С	П	Т
Ґ	Ґ	Б	И	Е	Е	М	Н	Н	Ь	Є	Є	И	Ь	О	Е
Я	М	П	Ш	І	С	С	Ь	В	И	И	І	М	Ш	Р	О
Р	О	З	Р	А	Х	У	Н	О	К	Й	Я	І	М	Ц	Р
М	Л	Р	І	В	Н	Я	Н	Н	Я	П	Є	Р	А	І	І
А	І	Л	О	Г	І	К	А	Ц	С	І	Є	Б	С	Я	Я
А	Ш	Л	Н	Ґ	Е	Н	П	С	Х	К	Я	В	А	Щ	Л

ВИСОТА
КУТ
РОЗРАХУНОК
КОЛО
КРИВА
ДІАМЕТР
ВИМІР
РІВНЯННЯ
ЛОГІКА
МАСА
МЕДІАНА
ЧИСЛО
ПАРАЛЕЛЬНИЙ
ПРОПОРЦІЯ
СЕГМЕНТ
СИМЕТРІЯ
ПОВЕРХНЯ
ТЕОРІЯ
ТРИКУТНИК
ВЕРТИКАЛЬНІ

90 - Pássaros

П	А	В	И	Ч	Д	Я	П	О	Г	Н	І	М	А	Л	Ф
Є	А	Ю	Ґ	Ґ	С	Х	І	С	Б	У	Л	О	Г	Щ	В
Х	Щ	К	Ч	Х	Н	Є	Ш	Х	Л	І	С	Ц	У	Т	М
Є	Є	Л	А	У	П	Ґ	Ц	Щ	Д	Т	У	К	Ж	Ю	Л
У	М	Я	Б	П	Є	О	Х	С	Г	Ґ	А	О	А	Е	С
К	Ж	Ґ	Д	У	О	К	Є	Щ	У	С	Р	Т	К	Х	Р
М	Ч	О	Е	Н	Я	Л	У	З	О	З	Т	И	Д	Ь	Ю
Ґ	П	Є	М	Е	Ю	Е	Ц	Й	Я	І	С	У	І	У	Ц
Я	Е	Я	Ю	Т	Я	Л	Д	Т	Ь	Л	Х	Ф	Б	Г	М
М	Л	Л	Я	Ь	Ц	Е	Б	О	Р	О	Г	О	Е	Ь	Ц
П	І	Ч	В	Ш	А	К	Й	А	Ч	Р	Ю	Р	Л	І	Ц
Ж	К	І	В	О	К	А	Г	У	П	А	П	Е	Г	Х	С
Н	А	К	У	Т	Р	А	Ч	А	П	Л	Я	Л	С	Т	С
Л	Н	Н	Л	С	У	О	Ч	Т	Ф	М	Ь	І	У	П	М
О	И	Т	Т	Б	К	И	Н	К	Е	Є	Ч	В	Е	Ш	У
Н	П	І	Н	Г	В	І	Н	А	А	Ґ	Б	Ю	К	О	И

СТРАУС
ОРЕЛ
ЛЕЛЕКА
ЛЕБІДКА
ВОРОНА
ЗОЗУЛЯ
ФЛАМІНГО
КУРКА
ЧАЙКА
ГУСКА
ЧАПЛЯ
ЯЙЦЕ
ПАПУГА
ГОРОБЕЦЬ
КАЧКА
ПАВИЧ
ПЕЛІКАН
ПІНГВІН
ГОЛУБ
ТУКАН

91 - Literatura

Ґ	К	Ф	Ь	Т	Р	И	Т	М	Х	Ґ	О	Ш	В	Н	Є
Ю	Д	О	Ґ	Л	Е	П	О	Р	І	В	Н	Я	Н	Н	Я
І	К	Л	П	Ю	Н	М	А	Н	А	Л	О	Г	І	Я	І
Ф	О	Н	Ґ	О	П	Д	А	К	М	У	Д	Ю	М	В	Д
Я	В	И	Я	Ґ	В	А	В	Т	О	Р	Т	Ш	Б	Щ	Е
Р	О	М	А	Н	Г	І	С	М	Ц	У	Є	Н	І	Ш	Г
А	Н	Е	К	Д	О	Т	Д	М	Е	Т	А	Ф	О	Р	А
Р	С	Д	Ю	Х	Л	Ь	Б	А	Ш	С	К	Б	І	І	Р
Ц	И	Х	Е	А	А	Г	І	Є	Ч	Ю	Д	П	А	В	Т
М	В	Ц	А	Ь	І	И	О	Н	Ш	Я	А	Г	Д	Ж	Ш
О	І	Т	Н	О	Д	Л	Г	Ц	М	К	Г	Є	Н	Щ	Ж
Щ	І	Ь	А	А	П	М	Р	Л	Ц	Е	И	О	О	Л	С
Б	Ш	Є	Л	Ж	Х	Я	А	Ю	У	В	В	Е	П	Ж	Г
Р	Б	У	І	И	М	Ж	Ф	И	А	А	К	П	И	В	С
Ц	Ш	К	З	У	Т	Е	І	А	И	Я	А	Ч	С	Ш	Є
Р	И	М	А	С	В	С	Я	Ц	Н	Ь	А	Е	И	Я	О

АНАЛОГІЯ
АНАЛІЗ
АНЕКДОТ
АВТОР
БІОГРАФІЯ
ПОРІВНЯННЯ
ВИСНОВОК
ОПИС
ДІАЛОГ
СТИЛЬ
ВИГАДКА
МЕТАФОРА
ОПОВІДАЧ
ДУМКА
ВІРШ
РИМА
РИТМ
РОМАН
ТЕМА
ТРАГЕДІЯ

92 - Química

О	Я	В	Ч	Щ	Ш	О	Ф	Ь	Н	Е	Д	О	В	Л	А
И	Р	К	А	Л	У	К	Е	Л	О	М	Г	Д	В	С	Л
М	Е	Г	К	У	Г	К	Р	І	В	А	Г	А	И	И	Е
Г	Л	Б	А	Ь	І	А	М	С	Ф	Ж	Д	Ю	Є	Ч	Т
У	Е	Г	Ц	Н	Ь	Ц	Е	Л	Г	У	В	Ф	Р	Г	Е
К	М	Ш	В	Е	І	Х	Н	О	І	І	Б	Р	Я	Р	Е
И	Е	Ф	І	С	А	Ч	Т	Ь	Б	У	И	О	Е	Г	М
С	Н	Т	В	И	Л	М	Н	Е	Л	Е	К	Т	Р	О	Н
Л	Т	О	Е	К	Ц	И	А	И	Н	Г	Я	А	А	У	Х
О	И	Ц	К	П	Д	Щ	Ж	Ж	Й	Р	Д	З	А	Г	П
Т	Х	Л	О	Р	Л	Ґ	Ґ	І	И	Р	Е	І	Я	Щ	К
А	Н	И	Д	І	Р	О	Ф	С	Н	Ц	Р	Л	Ь	Я	Я
Г	Ч	К	Ґ	Я	Л	Е	И	П	Ж	Ш	Н	А	Щ	О	Щ
И	С	Л	В	Х	В	Ж	І	П	У	Ш	И	Т	Я	Ж	Ц
Б	Т	У	Ґ	Ж	М	О	Ю	Я	Л	Р	Й	А	Ю	Ґ	Ф
Т	Е	М	П	Е	Р	А	Т	У	Р	А	Ф	К	Ь	Ч	Б

ЛУЖНИЙ
КИСЛОТА
ТЕПЛО
ВУГЛЕЦЬ
КАТАЛІЗАТОР
ХЛОР
ЕЛЕМЕНТИ
ЕЛЕКТРОН
ФЕРМЕНТ
ГАЗ
ВОДЕНЬ
ІОН
РІДИНА
МОЛЕКУЛА
ЯДЕРНИЙ
ОРГАНІЧНИЙ
КИСЕНЬ
ВАГА
СІЛЬ
ТЕМПЕРАТУРА

93 - Clima

П	Т	У	Р	А	Г	А	Н	О	С	У	М	И	Ґ	С	Н
Ю	Щ	Р	Б	У	Р	Н	Щ	Ж	Ш	Я	Ш	І	У	У	Д
П	Т	Р	О	Л	Щ	Ь	Е	Е	Р	Т	Т	М	Ч	Х	М
Ц	Б	А	В	П	Д	У	Щ	Б	Т	Е	О	Ч	И	І	М
Ш	Д	Н	Е	Д	І	Ю	Й	Р	О	М	Т	Є	Г	К	Щ
К	Г	Ю	С	К	В	Ч	И	Ж	П	П	Н	Ґ	О	Л	Є
К	В	П	Е	П	І	А	Н	З	Г	Е	П	Г	Д	І	Л
Ш	П	Ю	Л	Ф	Т	Р	Р	И	Л	Р	С	Ч	А	М	Є
Г	Ф	Л	К	Ю	Е	Е	Я	Р	Й	А	Л	Б	Н	А	Д
Р	Д	Р	А	Т	Р	Ф	Л	Б	Г	Т	Г	Т	Р	Т	Н
И	У	Ю	Х	У	Ч	С	О	И	Я	У	О	Ж	О	Т	У
М	К	О	У	М	Ю	О	П	В	М	Р	Ю	Х	Т	Ь	О
Ч	Я	Б	С	А	Х	М	А	Р	А	А	Х	А	Ф	О	І
П	Є	К	О	Н	С	Т	Ґ	Ґ	Н	С	Ш	Є	И	Н	Ш
А	Е	Б	П	Н	А	А	А	Д	А	Т	Т	Ь	К	Ф	Б
Ь	Б	Ж	Т	І	Б	Л	И	С	К	А	В	К	А	Щ	І

ВЕСЕЛКА
АТМОСФЕРА
БРИЗ
НЕБО
КЛІМАТ
УРАГАН
ЛІД
МУСОН
ТУМАН
ХМАРА
ПОЛЯРНИЙ
БЛИСКАВКА
ПОСУХА
СУХІ
ТЕМПЕРАТУРА
БУР
ТОРНАДО
ТРОПІЧНИЙ
ГРИМ
ВІТЕР

94 - Arte

Т	А	Р	Є	С	И	М	В	О	Л	С	М	Є	Ж	Ґ	З
Щ	Р	М	І	К	Е	Г	О	Ш	К	Ю	І	Ч	Л	Ф	А
І	О	Ш	Т	Е	М	Д	Е	Р	П	Р	Є	Р	Д	Т	П
Х	Р	Д	І	Р	К	Б	И	П	У	Р	Ю	А	Н	В	А
Й	И	Н	Д	А	Л	К	С	Ґ	І	Е	І	Н	А	О	Л
И	Г	Н	К	М	Р	Л	Р	М	Д	А	Л	К	С	Р	Е
Щ	І	Б	Ч	І	Ф	А	Щ	Х	Ч	Л	Н	С	Т	И	Н
Ч	Н	И	Р	Ч	М	Я	Ж	Є	Ш	І	Х	К	Р	Т	И
Ф	А	Ш	О	Н	Ш	Л	У	С	Ґ	З	О	У	І	И	Й
И	Л	О	Ю	І	С	Ф	Д	В	Ж	М	Г	Л	Й	С	А
Ч	Е	С	Н	И	Й	Я	В	О	И	Є	И	Ь	И	Ш	Г
П	О	Е	З	І	Я	Б	У	И	Я	В	Т	П	Т	О	Б
О	С	О	Б	И	С	Т	И	Й	Р	Е	Ю	Т	С	У	К
В	І	З	У	А	Л	Ь	Н	И	Й	А	А	У	О	Я	Б
Ц	Е	К	Н	Р	Б	Ф	Р	Ш	Н	А	З	Р	Р	У	С
Ю	Н	К	А	Р	Т	И	Н	И	Ь	У	Ь	А	П	Р	Е

КЕРАМІЧНІ
СКЛАДНИЙ
СКЛАД
ТВОРИТИ
СКУЛЬПТУРА
ВИРАЗ
ЧЕСНИЙ
НАСТРІЙ
ЗАПАЛЕНИЙ
ОРИГІНАЛ
ОСОБИСТИЙ
КАРТИНИ
ПОЕЗІЯ
ПРОСТИЙ
СИМВОЛ
ПРЕДМЕТ
СЮРРЕАЛІЗМ
ВІЗУАЛЬНИЙ

95 - Diplomacia

П	Г	Р	О	М	А	Д	А	К	С	Ю	Ц	В	И	Ю	Ь
Щ	О	Ж	О	Т	К	Х	Р	А	П	Г	Я	Г	Ф	Ч	П
Ш	Ш	С	У	К	И	Х	Ю	М	І	Ш	Н	У	Ґ	Н	Р
Я	П	С	О	І	Т	А	І	П	В	Х	Н	М	П	Є	Р
І	Е	Ш	Л	Л	Е	О	Ь	А	П	Ф	Е	А	В	К	А
У	Р	Я	Д	Ф	Ь	Е	Х	Н	Р	Р	Р	Н	Ш	С	Д
Ґ	І	Н	Х	Н	Щ	С	Г	І	А	Д	О	І	А	Щ	Н
Ш	В	Н	А	О	С	Ю	Т	Ї	Ц	Е	В	Т	Н	Р	И
П	О	Е	К	К	Є	Р	Х	В	Я	Ю	О	А	А	Ц	К
П	Г	Ш	И	Н	Я	Д	А	М	О	Р	Г	Р	А	Л	Т
Я	О	І	Т	П	О	С	О	Л	И	Є	Б	Н	С	А	М
Ь	Д	Р	І	Б	Е	З	П	Е	К	А	О	И	Ю	Ф	Ж
Г	П	И	Л	О	Ч	Ж	Ґ	М	Л	Є	Ч	Й	В	Р	Ш
Г	Ю	Х	О	Ц	І	Л	І	С	Н	І	С	Т	Ь	О	Р
Я	Ґ	Ь	П	Р	Е	З	О	Л	Ю	Ц	І	Я	Х	А	М
Д	И	П	Л	О	М	А	Т	И	Ч	Н	И	Й	У	Ш	М

КАМПАНІЇ
ГРОМАДЯНИ
ГРОМАДА
КОНФЛІКТ
РАДНИК
СПІВПРАЦЯ
ДИПЛОМАТИЧНИЙ
ОБГОВОРЕННЯ
ПОСОЛЬСТВО
ПОСОЛ
ЕТИКА
УРЯД
ГУМАНІТАРНИЙ
ЦІЛІСНІСТЬ
МОВИ
ПОЛІТИКА
РЕЗОЛЮЦІЯ
БЕЗПЕКА
РІШЕННЯ
ДОГОВІР

96 - Comida # 2

Ґ	В	О	Н	Ф	Х	Н	Б	А	Н	А	Н	Т	Ґ	К	Б
Ц	Ц	І	Е	П	Ь	Ц	Х	Х	П	Ш	Е	Н	И	Ц	Я
Ш	Ч	В	Д	Є	А	К	Р	У	К	Я	Я	Х	В	Г	М
Т	О	І	Ю	Ф	А	Р	О	Д	І	М	О	П	И	Ж	Р
Т	К	К	Ф	Д	В	Ю	Т	Я	О	І	О	І	Н	Н	С
Р	У	Я	О	Ь	С	И	Р	И	Б	У	С	Щ	О	А	Б
Л	Л	Д	Т	Л	Ґ	Ч	І	И	Ш	И	Е	М	Г	Ж	Р
Ц	Б	Щ	Ц	А	А	К	Н	И	Ш	О	С	Ф	Р	А	О
У	Я	Я	К	Д	Б	Д	И	П	Ц	Ю	К	Ю	А	Л	К
Т	Н	Ф	П	Г	И	Ж	Ж	О	Ю	Х	О	Д	Д	К	О
Ч	Ш	В	Р	И	Р	В	Р	Р	Й	У	Р	Я	Р	А	Л
Ю	И	Я	Я	М	Л	Ч	Г	Ю	Д	О	Г	Р	И	Б	І
Е	В	Ь	Х	Г	П	К	Д	С	Г	Н	Г	Ш	Є	И	Ц
Ж	Є	Ш	Я	Й	Ц	Е	Б	М	І	О	Х	У	Ч	Є	Р
К	Д	Ь	Ш	К	І	Р	Ж	Ю	Ц	Р	Н	П	Р	Т	Н
В	Т	Д	И	Ю	Н	Є	С	С	Н	Г	Т	Я	Ш	Т	Г

АРТИШОК
МИГДАЛЬ
РИС
БАНАН
БАКЛАЖАН
БРОКОЛІ
ВИШНЯ
ШОКОЛАД
ГРИБ
КУРКА
ЙОГУРТ
КІВІ
ЯБЛУКО
ЯЙЦЕ
РИБА
ШИНКА
СИР
ПОМІДОР
ПШЕНИЦЯ
ВИНОГРАД

97 - Universo

Ф	К	Ш	И	Р	О	Т	А	О	Б	С	Ґ	О	Ю	Є	Т
Г	А	Л	А	К	Т	И	К	А	Р	О	Т	А	В	К	Е
Н	І	Н	Ч	Р	К	Щ	У	Ю	Г	Б	Ц	Д	Щ	Б	Л
Е	Д	Ж	Я	Щ	О	Б	Є	У	Щ	Ш	І	П	А	О	Е
Б	О	Ц	Ф	Ь	С	И	Т	Ш	Ґ	А	Ц	Т	Г	Г	С
О	З	Д	Ч	Ц	М	О	Н	О	Р	Т	С	А	А	О	К
А	П	Д	П	Я	І	М	О	Н	О	Р	Т	С	А	Р	О
Н	С	П	Ц	С	Ч	Є	Ш	Ґ	Л	П	Ф	Є	Ь	И	П
Л	Е	Т	Ю	І	Н	Н	Ш	Ц	І	Щ	М	Р	Б	З	П
Е	В	Б	Е	М	И	Г	А	Я	Р	Д	Ц	И	И	О	І
Я	У	Є	Е	Р	Й	Д	О	В	Г	О	Т	А	С	Н	В
А	Р	Е	Ф	С	О	М	Т	А	Ц	С	І	Д	Г	Т	К
М	С	У	Ж	П	Н	Ї	Л	Є	Ф	Ч	Д	П	Я	Р	У
Щ	Р	І	Й	И	М	И	Д	И	В	У	Л	Г	О	Ц	Л
Л	Ж	Т	М	Я	Г	Х	Й	И	Н	Ч	Я	Н	О	С	Я
С	О	Н	Ц	Е	С	Т	О	Я	Н	Н	Я	Щ	Ь	Е	Ґ

АСТЕРОЇД
АСТРОНОМІЯ
АСТРОНОМ
АТМОСФЕРА
НЕБЕСНИЙ
НЕБО
КОСМІЧНИЙ
ЕКВАТОР
ГАЛАКТИКА
ПІВКУЛЯ
ГОРИЗОНТ
ШИРОТА
ДОВГОТА
МІСЯЦЬ
ОРБІТА
СОНЯЧНИЙ
СОНЦЕСТОЯННЯ
ТЕЛЕСКОП
ВИДИМИЙ
ЗОДІАК

98 - Jazz

О	Р	К	Е	С	Т	Р	Т	Е	Х	Н	І	К	А	А	Ж
Ю	Й	Ц	Р	Н	Ь	Е	Є	Я	И	Е	Ц	И	Ж	К	П
В	И	Н	О	Ж	Д	І	Г	К	О	Ж	Д	Н	Ш	Ц	Ж
Я	М	О	Т	М	Б	М	О	Б	Ь	Л	А	Ж	И	Е	Ш
Н	О	В	И	Й	Ґ	П	Б	В	Х	Щ	Л	О	У	Н	М
С	Д	С	З	В	Т	Р	Е	Ц	Н	О	К	Д	Ю	Т	И
І	І	М	О	Ж	Ч	О	С	У	У	Ч	С	У	Є	Ю	Г
П	В	Р	П	А	Р	В	Х	Т	Г	Ж	У	Х	Н	Ж	Ж
Х	И	Ю	М	И	Т	І	Л	Ґ	И	С	Т	А	Р	И	Й
О	Ш	Ш	О	Є	Н	З	Ш	К	Ґ	Л	Т	Т	Ж	Є	Ю
Я	Б	Ґ	К	Ь	Ч	А	Г	Х	Ь	С	Ь	А	Л	Ф	Р
Я	Ґ	Р	Ь	М	Ю	Ц	Б	Ж	А	Н	Р	Ж	Д	О	В
Ш	Ю	І	А	Ь	Ґ	І	І	А	М	У	З	И	К	А	Л
Р	И	Т	М	Н	А	Я	Т	С	Р	Т	А	Л	А	Н	Т
Щ	А	Ь	О	С	И	У	Я	Р	Ш	А	Б	Д	О	Х	Ж
С	Х	Ш	Ь	О	А	Й	М	Ж	Е	Л	Б	П	С	Л	В

ХУДОЖНИК
АЛЬБОМ
БАРАБАНИ
ПІСНЯ
СКЛАД
КОМПОЗИТОР
КОНЦЕРТ
СТИЛЬ
АКЦЕНТ
ВІДОМИЙ
ОБРАНИЙ
ЖАНР
ІМПРОВІЗАЦІЯ
МУЗИКА
НОВИЙ
ОРКЕСТР
РИТМ
ТАЛАНТ
ТЕХНІКА
СТАРИЙ

99 - Barcos

Л	В	Т	Т	Д	А	Ф	О	Ь	Р	Г	Я	С	І	Щ	М
Г	Ц	Е	М	О	Р	О	П	Ф	Д	С	Б	Ь	О	Б	Ц
Ц	Н	А	Е	К	О	І	К	Ь	С	Р	О	М	З	О	Н
Ш	Р	К	Я	Р	О	М	К	Р	Є	Ь	Н	Ц	Е	Л	Р
Ґ	Х	З	С	Ж	О	М	К	Я	О	Ґ	Г	К	Р	В	Я
Ю	С	У	Д	Н	Ч	Ц	М	О	Р	Е	А	К	О	Ш	У
Ґ	Ь	Т	Х	В	И	Л	І	Д	Р	А	Д	А	Т	Х	Я
Щ	Ь	О	І	Ж	Г	Т	Щ	И	В	А	Б	Н	І	Л	О
Р	С	М	Х	Ґ	И	Л	М	Ц	Б	И	Ш	О	Л	Т	Є
Ґ	І	П	Ґ	Б	Щ	О	Ф	Т	Ж	І	Г	Е	П	Р	Ь
Е	М	Ч	Р	У	О	Є	Ц	Х	П	Ь	Н	У	Ю	Г	Я
Н	К	В	К	Й	Г	Ш	Н	Ж	К	Ч	Є	Ж	Н	Е	У
Т	Я	Ц	Р	А	Л	В	Ь	Ж	А	П	І	К	Е	К	Б
И	Ш	А	Ж	Ц	А	Ц	О	Б	Я	Ц	Ь	Р	Ц	Ц	А
Ж	Н	Ш	Щ	Л	Я	Д	С	Ц	К	Т	Д	О	Н	Ч	Д
П	Ю	П	Р	И	П	Л	И	В	Ґ	Є	Ь	Ж	П	Ш	П

ЯКІР
ПОРОМ
БУЙ
КАЯК
КАНОЕ
МОТУЗКА
ДОК
ЯХТА
ПЛІТ
ОЗЕРО
МОРЕ
ПРИПЛИВ
МОРЯК
ЩОГЛА
ДВИГУН
МОРСЬКІ
ОКЕАН
ХВИЛІ
РІЧКА
ЕКІПАЖ

100 - Mamíferos

В	Л	Ь	Р	Б	Є	У	К	Р	Ф	Л	Х	С	К	П	І
Ц	Г	П	У	Ш	Л	Е	В	В	А	У	Б	С	Л	О	Н
Н	Ш	Ч	Т	Е	С	Е	О	І	П	Г	Ґ	О	І	Ю	Н
І	Ґ	Е	Т	В	Ж	Р	В	І	В	Е	Е	Ь	Б	С	В
Ф	А	Р	И	Ж	І	Ч	Я	С	А	Ц	М	И	Я	Е	У
Ь	Н	І	К	Ґ	С	Ж	Н	Ґ	М	Г	Я	Р	О	П	Р
Л	И	С	И	Ц	Я	Г	Е	В	Е	Р	Б	Л	Ю	Д	У
Е	О	Ц	Б	Д	Ф	О	Я	Я	Д	К	Я	Ч	Ж	И	Г
Д	Щ	Ш	М	Ґ	А	Р	Б	Е	З	Ц	І	В	Ґ	Н	Н
Я	Ж	Х	Є	Я	И	И	А	К	Ш	І	К	Е	Ф	Е	Е
Х	Н	Т	Л	Р	Ф	Л	Е	И	М	Б	Щ	Ч	Ф	Ь	К
И	В	Ц	Д	И	Ц	А	Н	Т	А	М	Ч	О	Ь	Ц	В
Ь	Ж	Ґ	И	У	А	Ю	Щ	У	Е	Ч	С	Б	Ш	Н	Р
Ш	Н	П	К	О	Й	О	Т	К	Р	О	Л	И	К	Є	Е
Н	П	І	Д	Ч	О	Х	А	М	О	Щ	Щ	Ь	Ь	А	О
Г	Л	К	Г	Б	Щ	С	С	Е	Щ	А	К	Є	Ь	Р	Ю

КИТ
ВЕРБЛЮД
КЕНГУРУ
БОБЕР
КІНЬ
ПЕС
КРОЛИК
КОЙОТ
СЛОН
КІШКА
ЖИРАФ
ДЕЛЬФІН
ГОРИЛА
ЛЕВ
ВОВК
МАВПА
ВІВЦЯ
ЛИСИЦЯ
БИК
ЗЕБРА

1 - Dirigindo

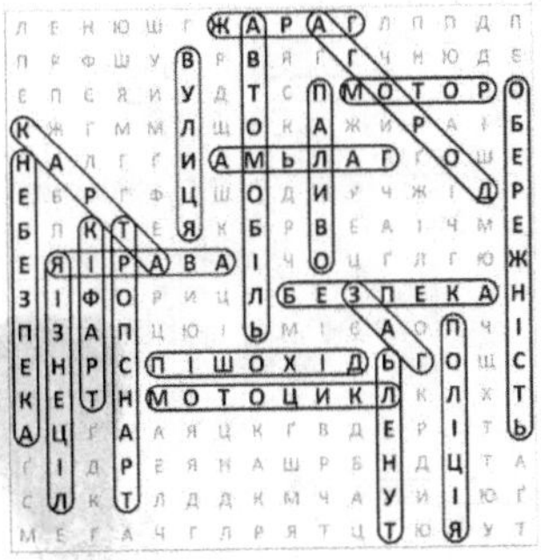

2 - Antiguidades

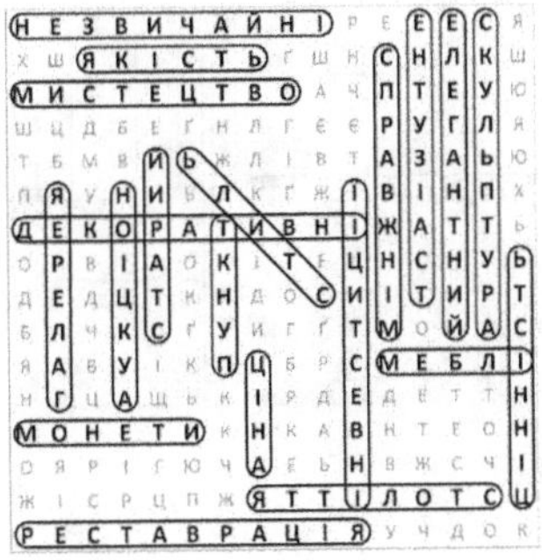

3 - Churrascos

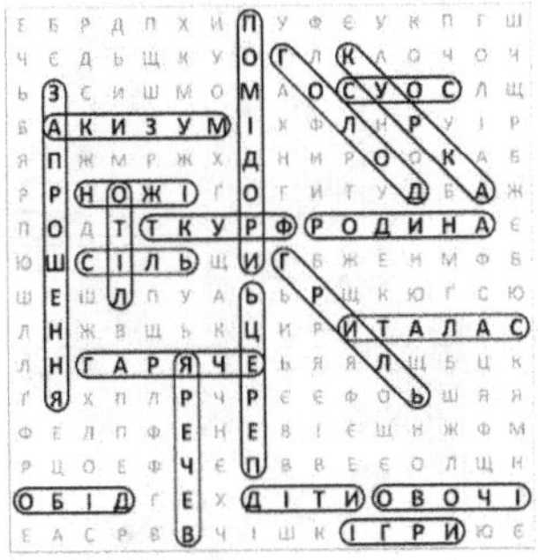

4 - Pesca

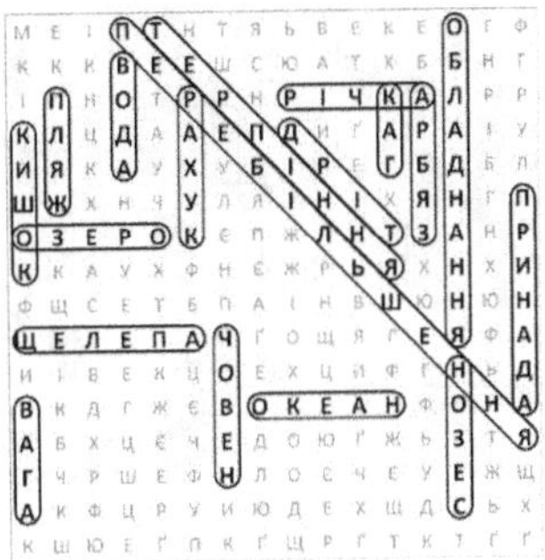

5 - Geologia

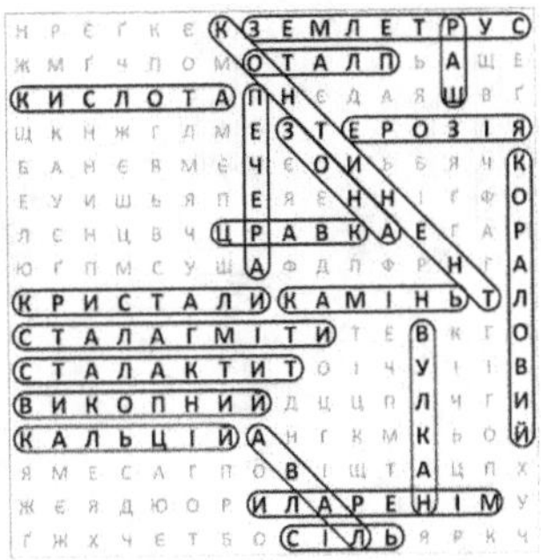

6 - Tempo

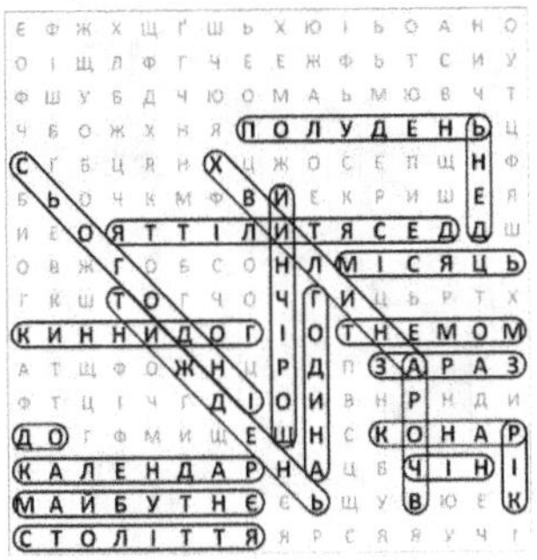

7 - Astronomia

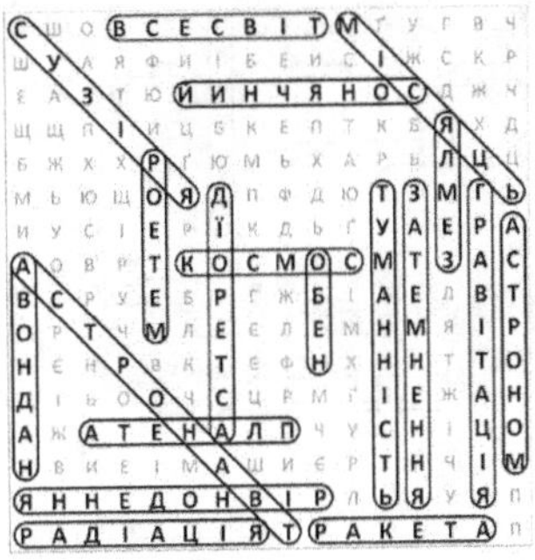

8 - Acampamento

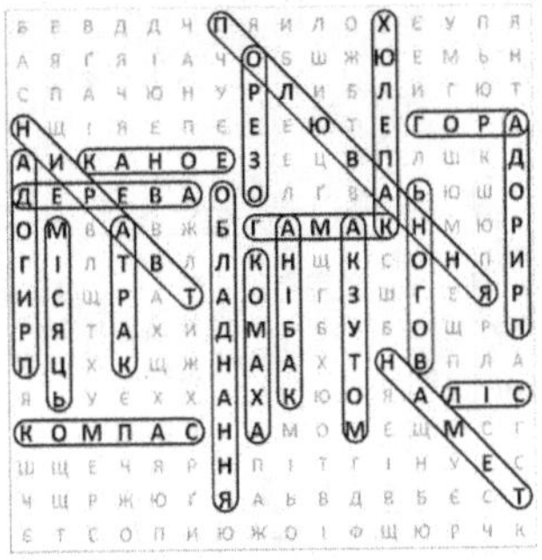

9 - Ficção Científica

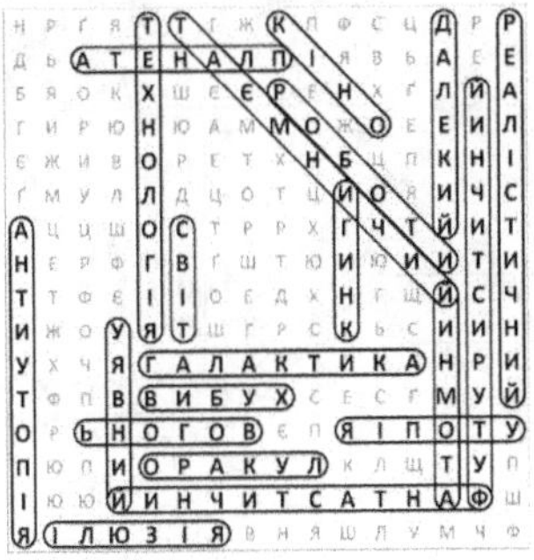

10 - Mitologia

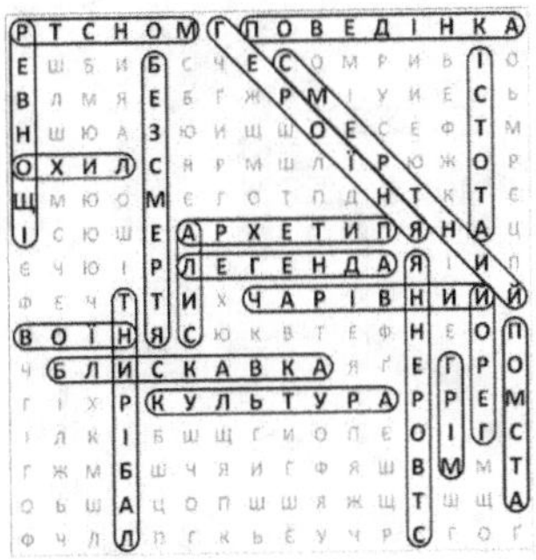

11 - Medições

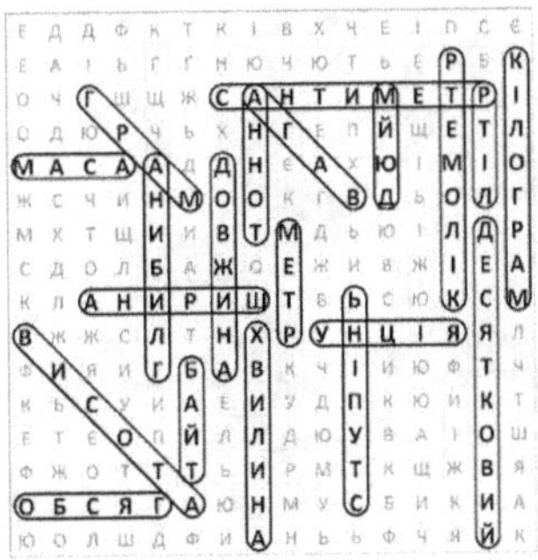

12 - Álgebra

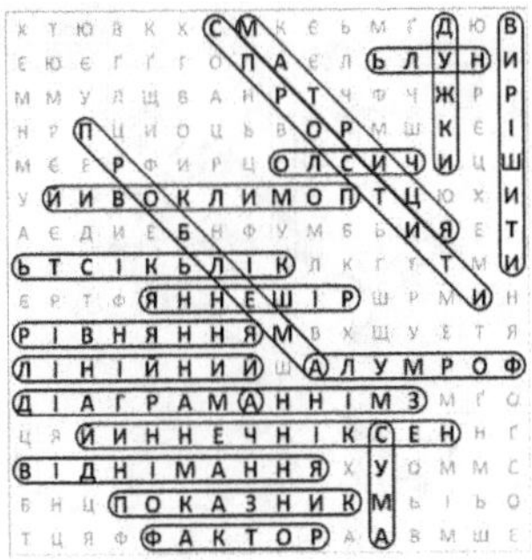

13 - Plantas

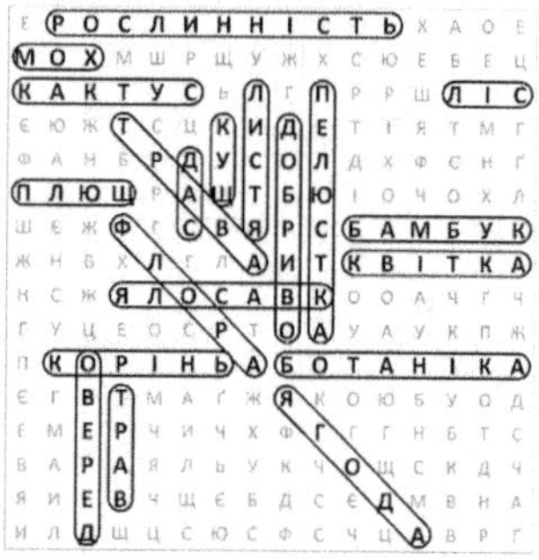

14 - Veículos

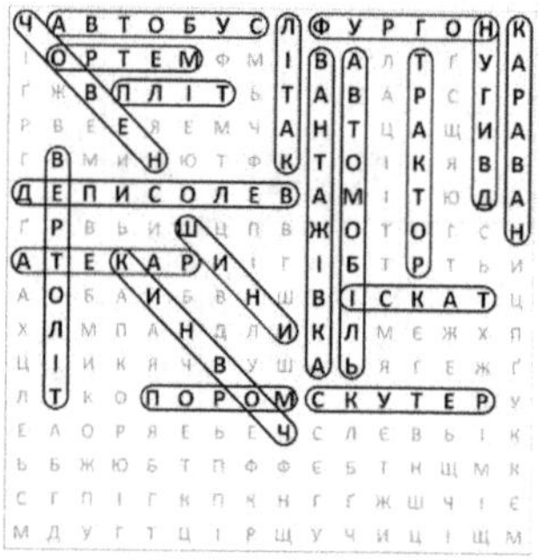

15 - Engenharia

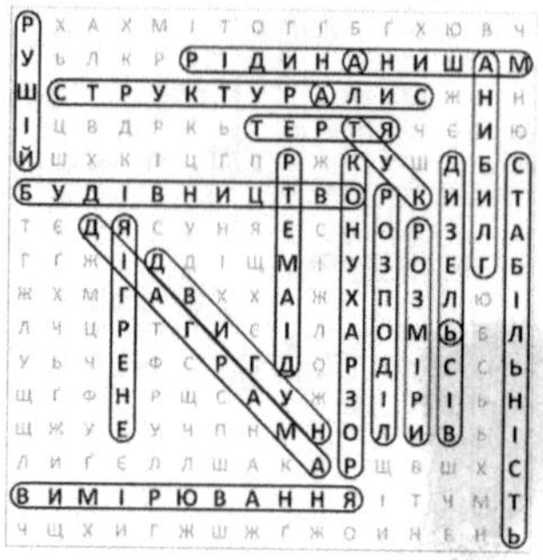

16 - Restaurante # 2

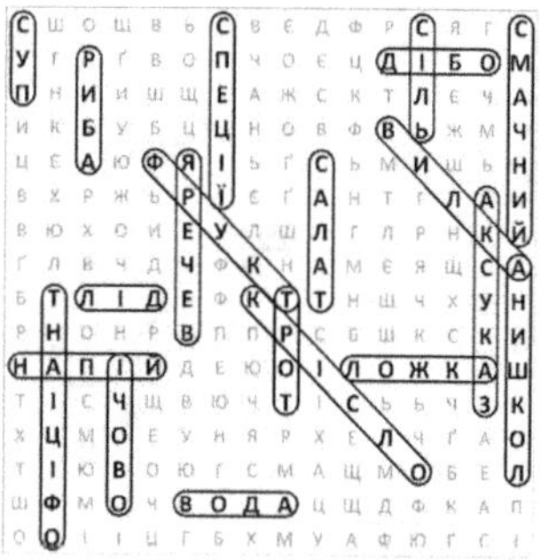

17 - Países #2

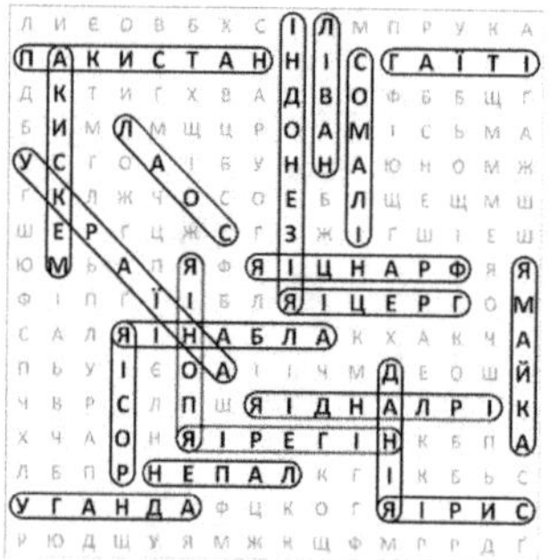

18 - Cozinha

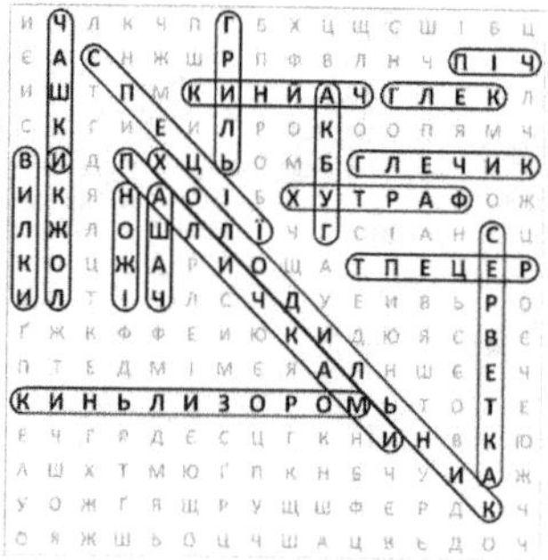

19 - Material de Arte

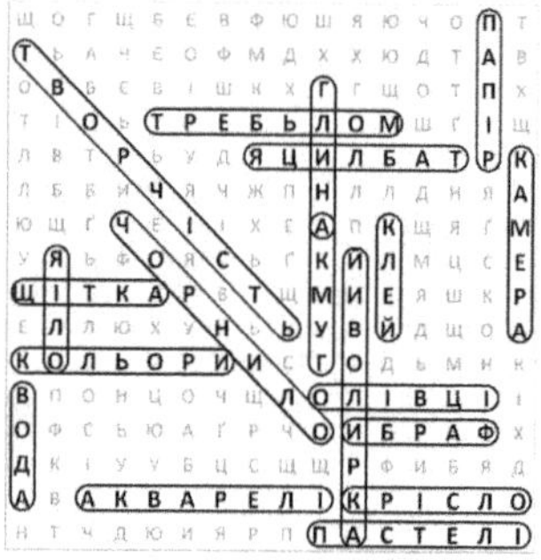

20 - Números

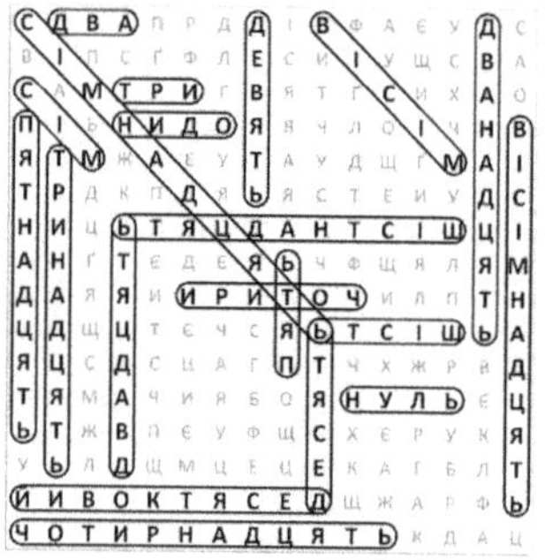

21 - Física

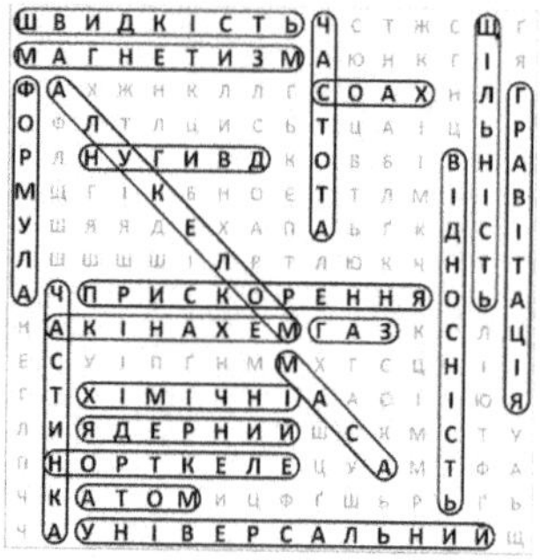

22 - Especiarias

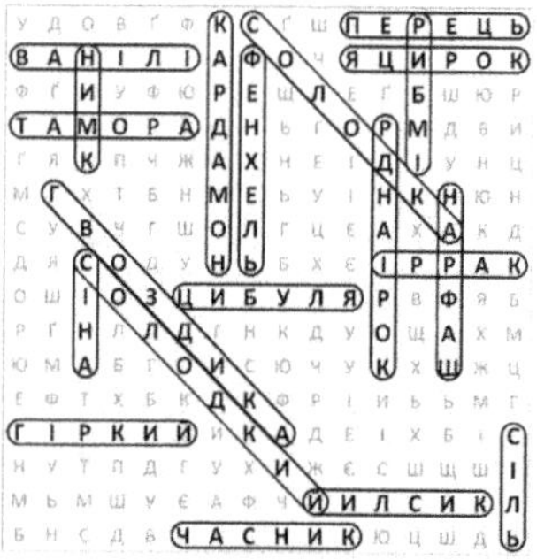

23 - Países #1

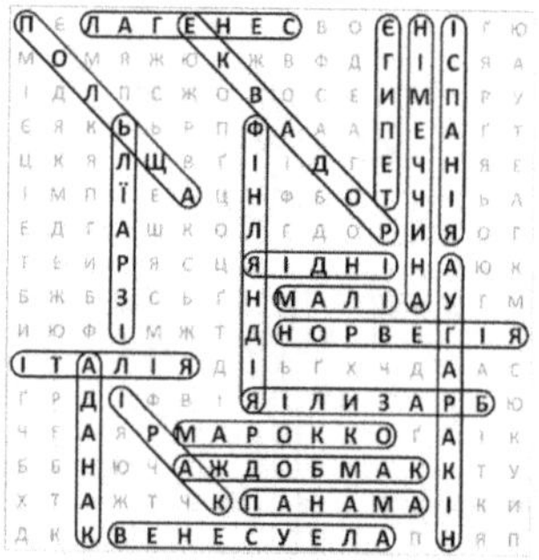

24 - Casa

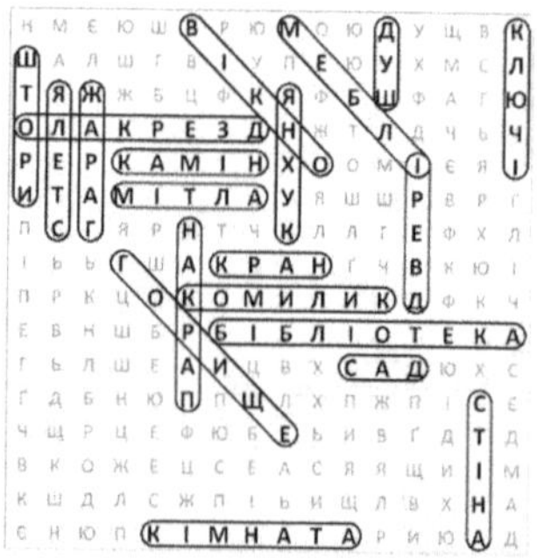

25 - Vegetais

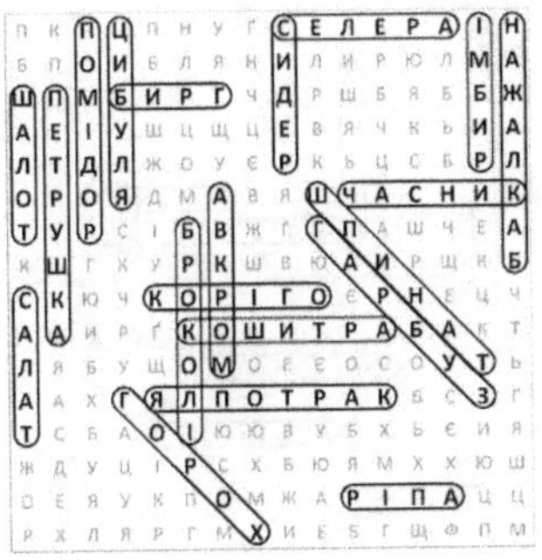

26 - Balé

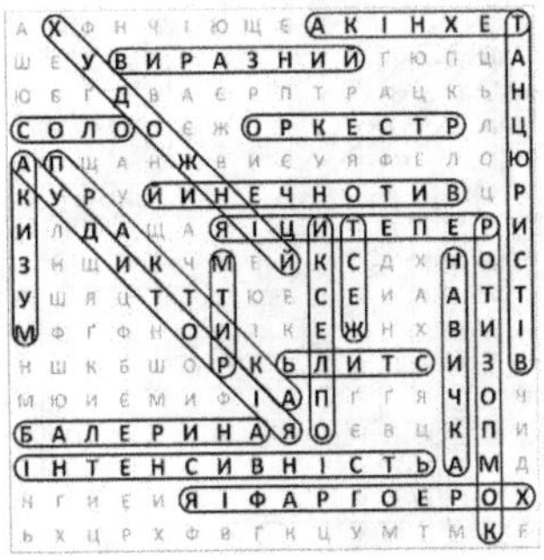

27 - Adjetivos #1

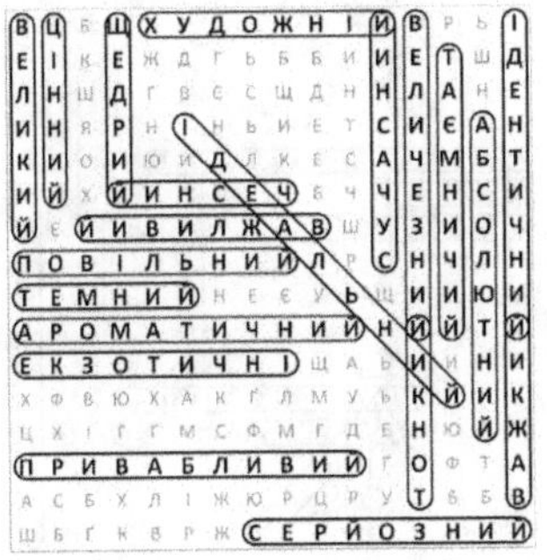

28 - Psicologia

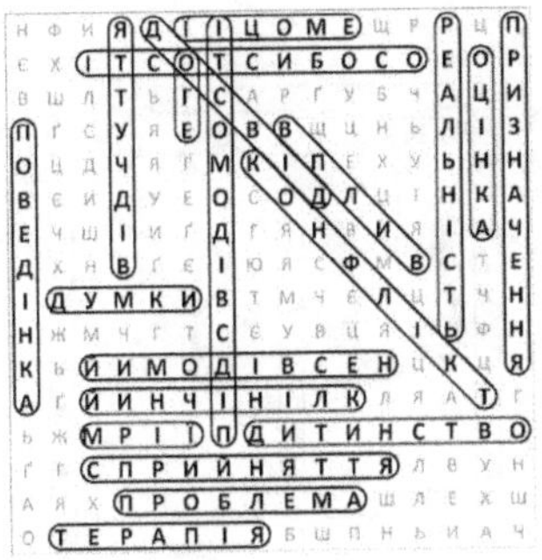

29 - Paisagens

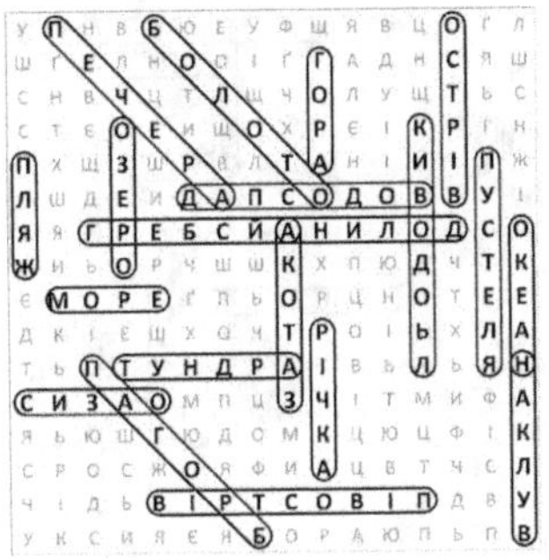

30 - Dança

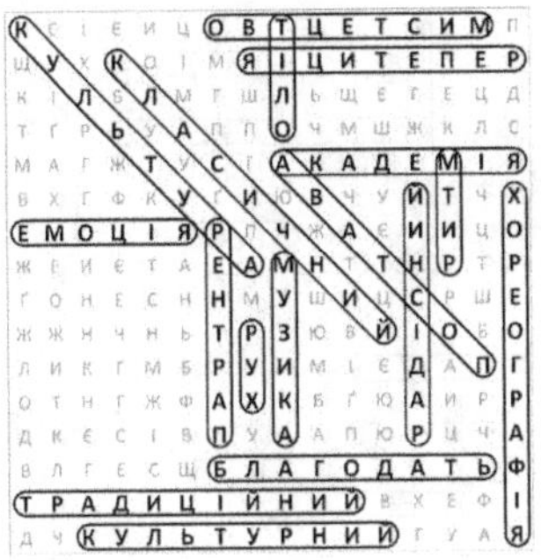

31 - Nutrição

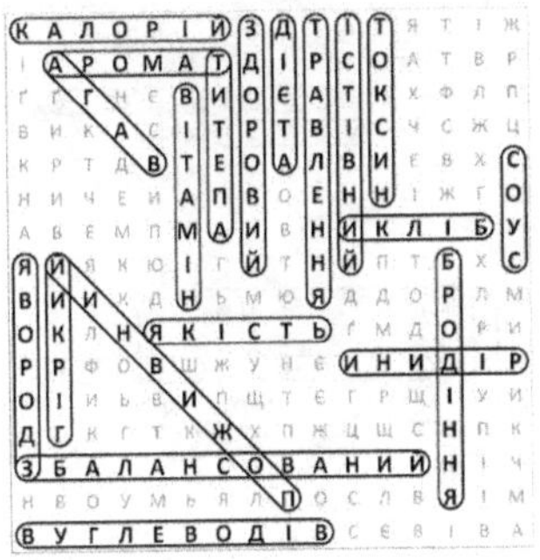

32 - Energia

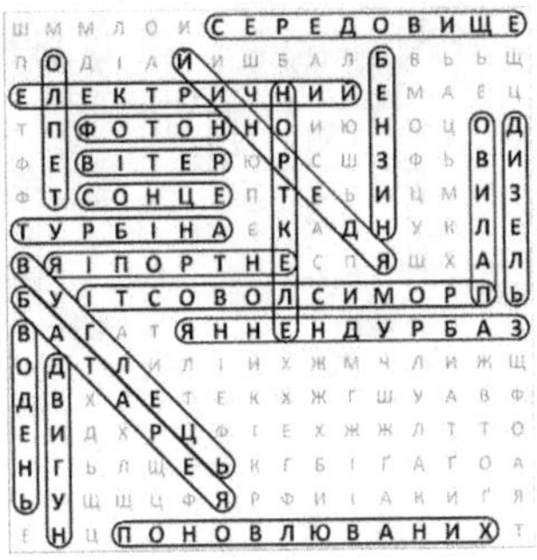

33 - Disciplinas Científicas

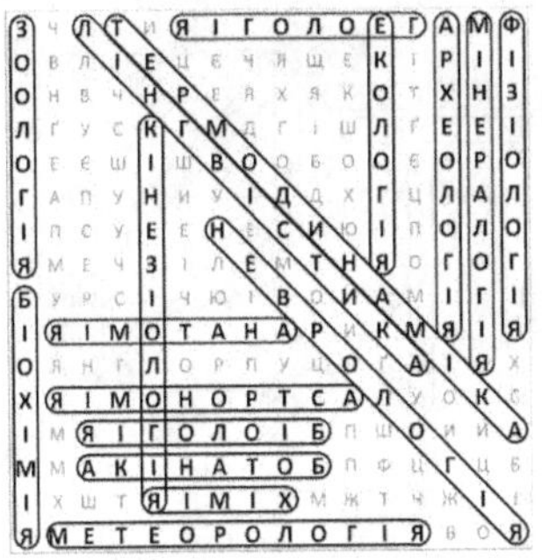

34 - Meditação

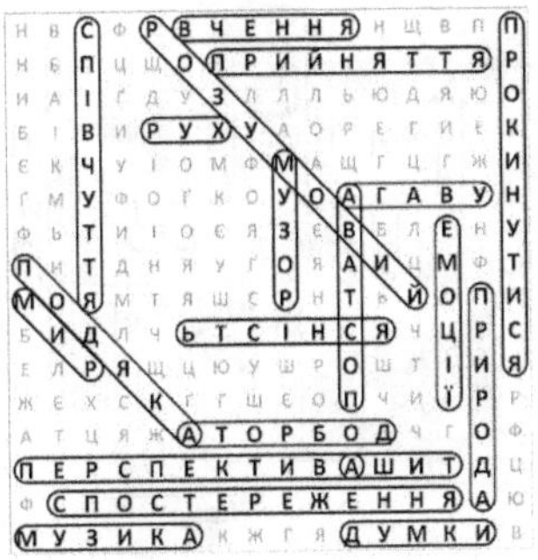

35 - Artes Visuais

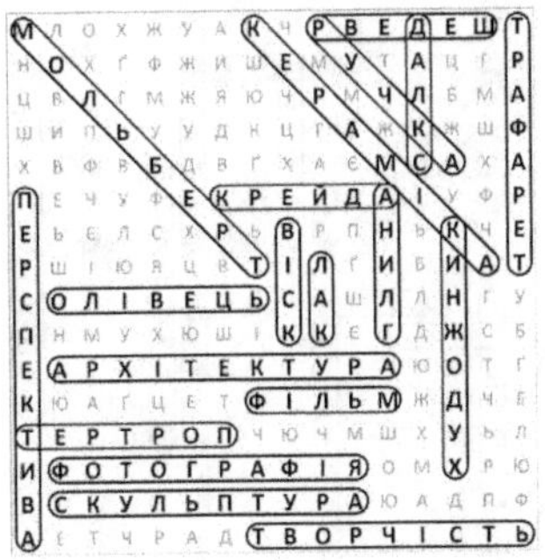

36 - Moda

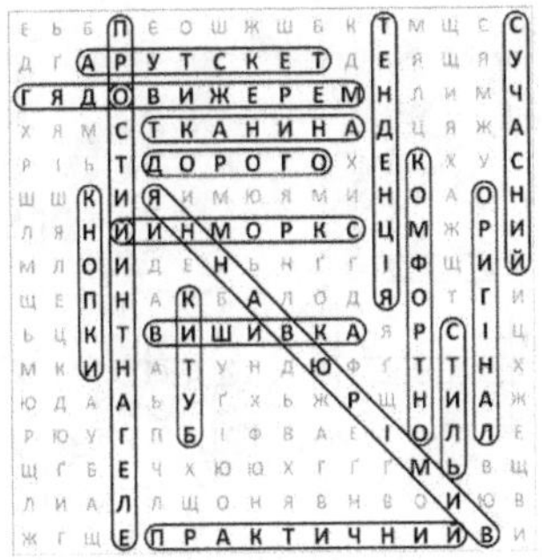

37 - Instrumentos Musicais

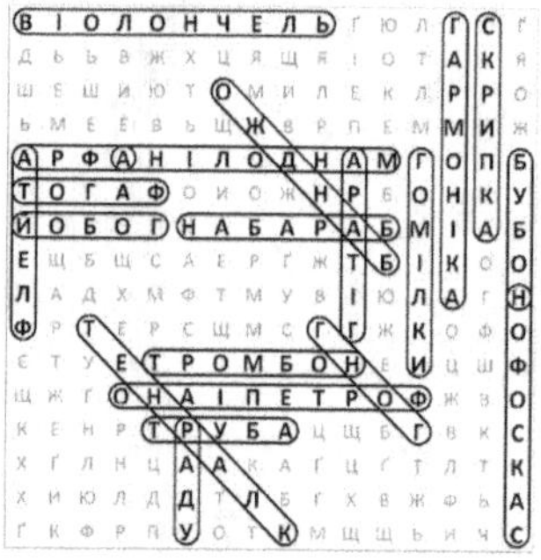

38 - Adjetivos #2

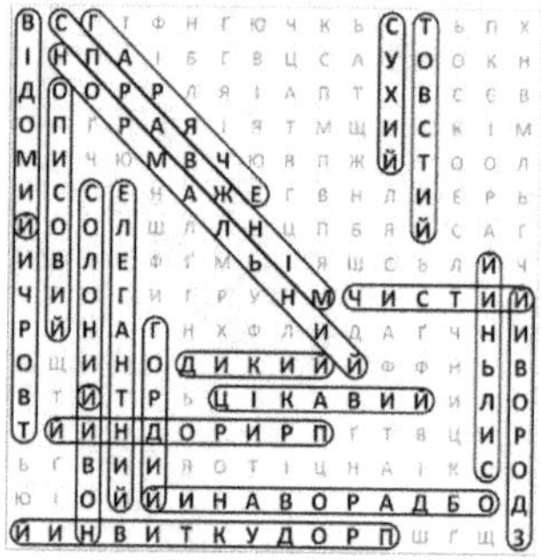

39 - Roupas

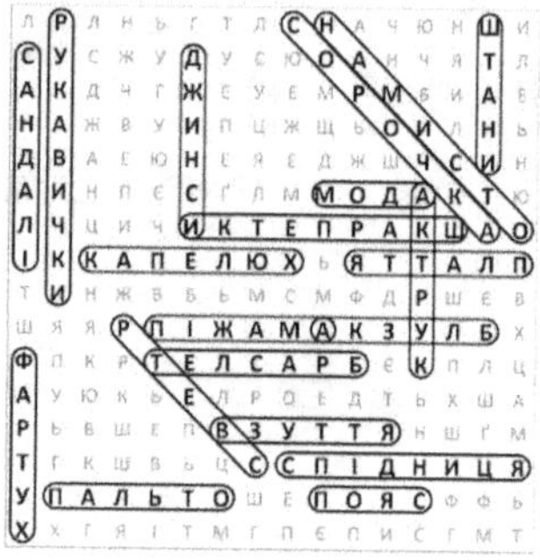

40 - Herbalismo

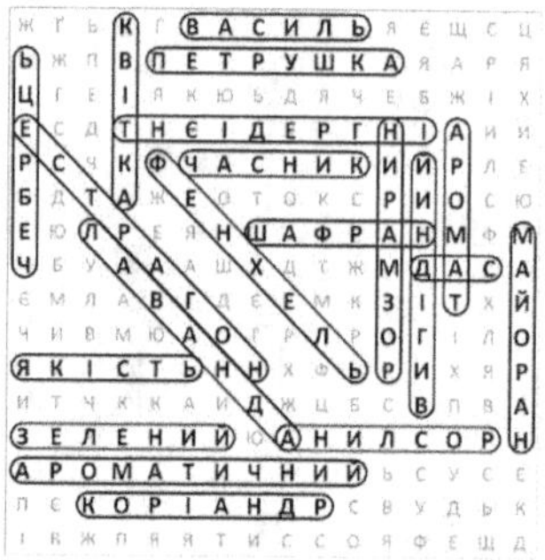

41 - Arqueologia

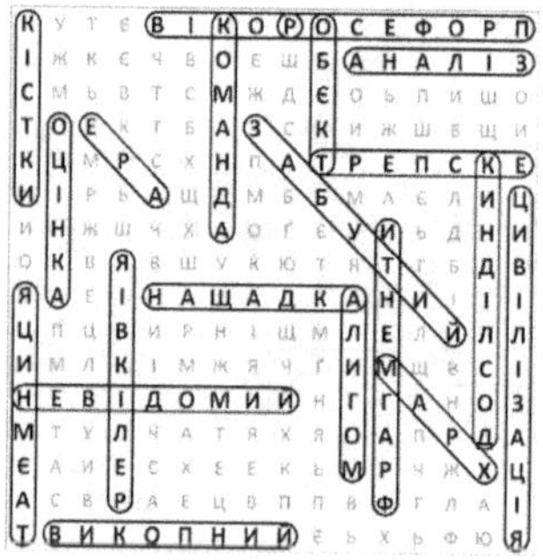

42 - Esporte

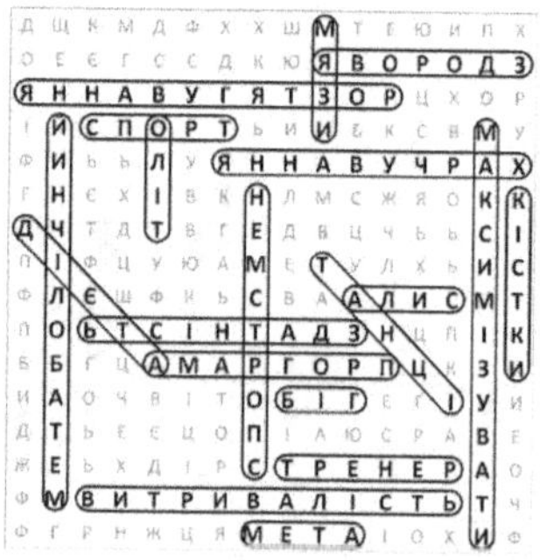

43 - Agronomia

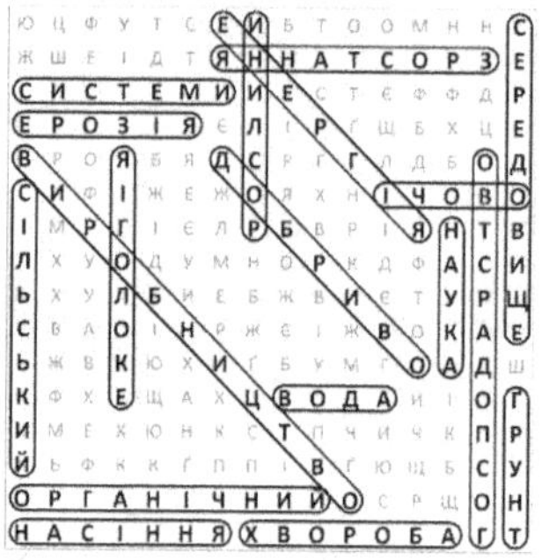

44 - Frutas

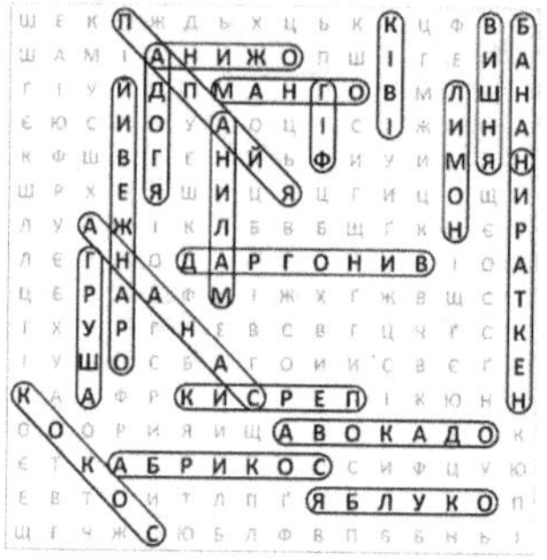

45 - Corpo Humano

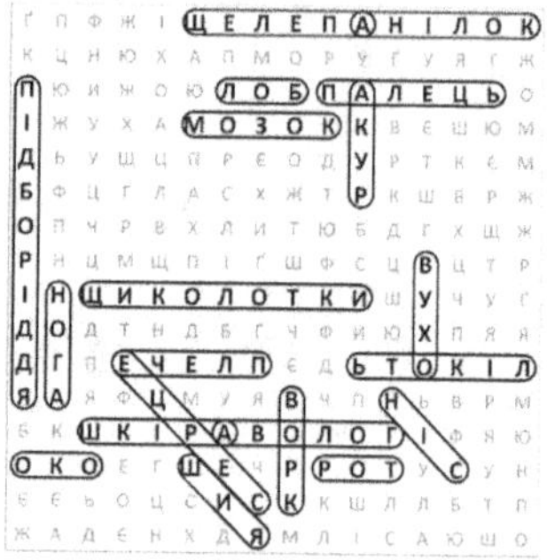

46 - Caminhada

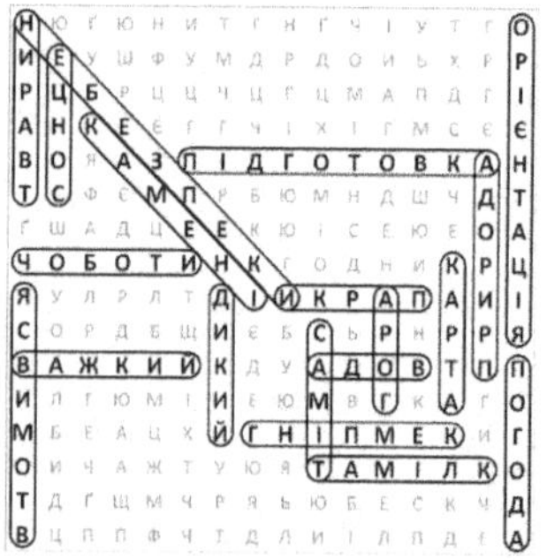

47 - Biologia

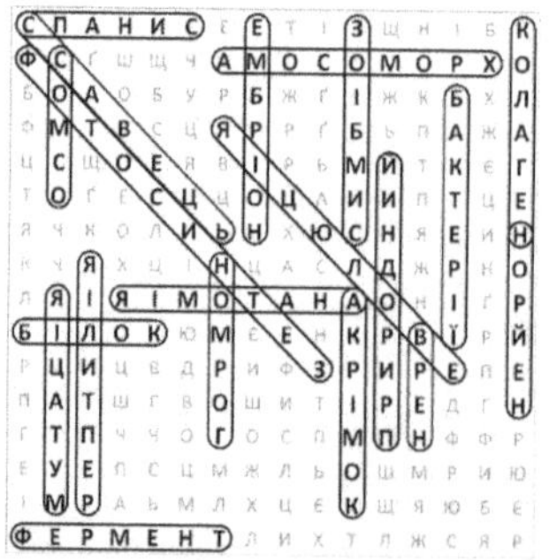

48 - Beleza

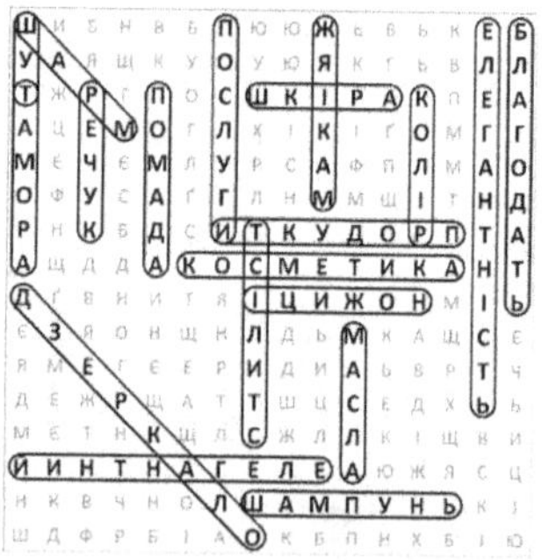

49 - Água

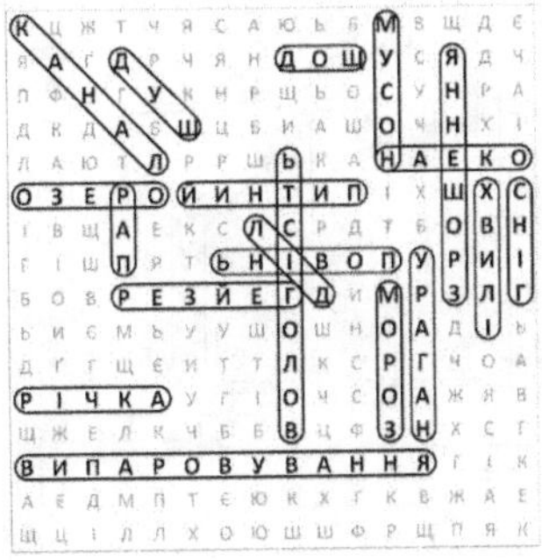

50 - Filantropia

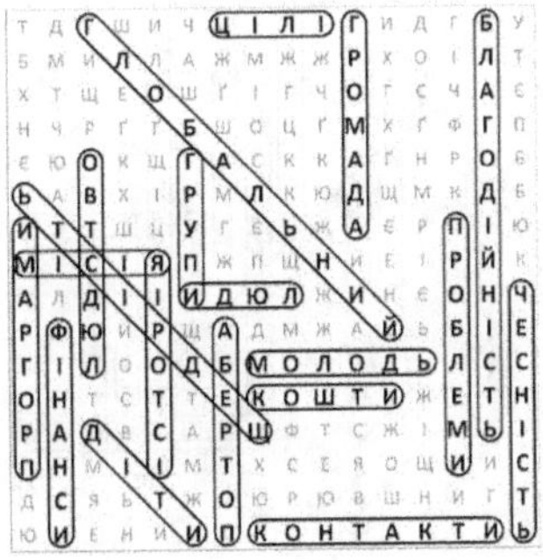

51 - Família

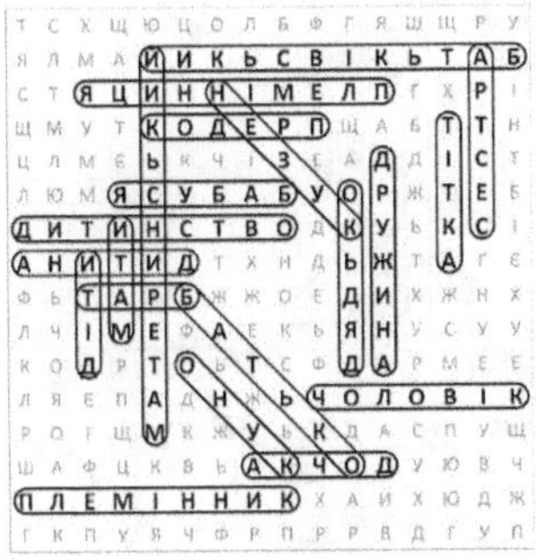

52 - Férias #2

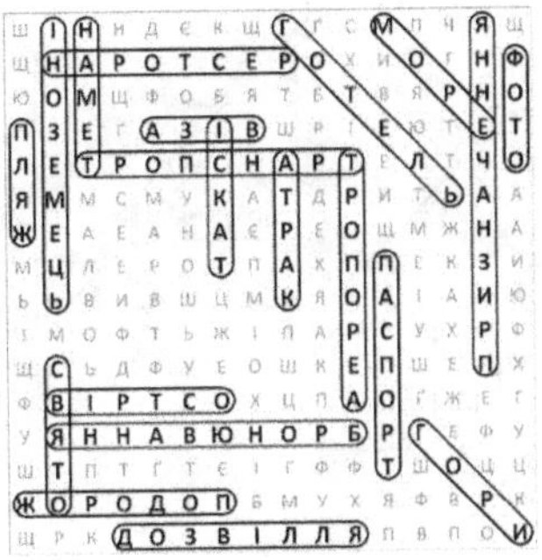

53 - Edifícios

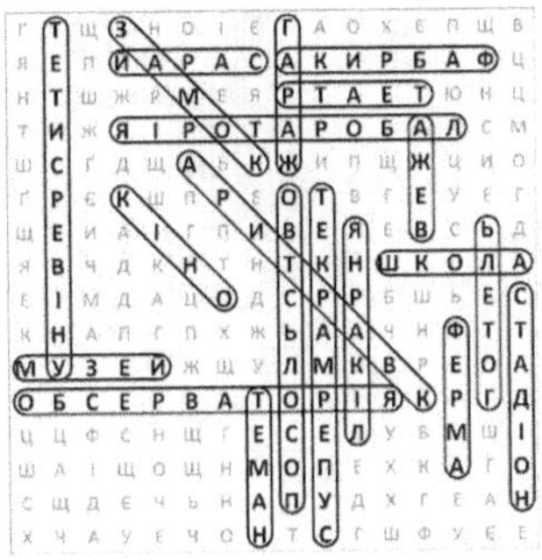

54 - Aventura

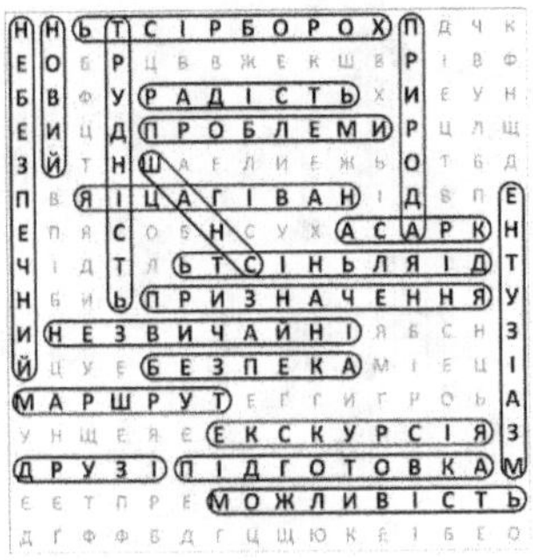

55 - Floresta Tropical

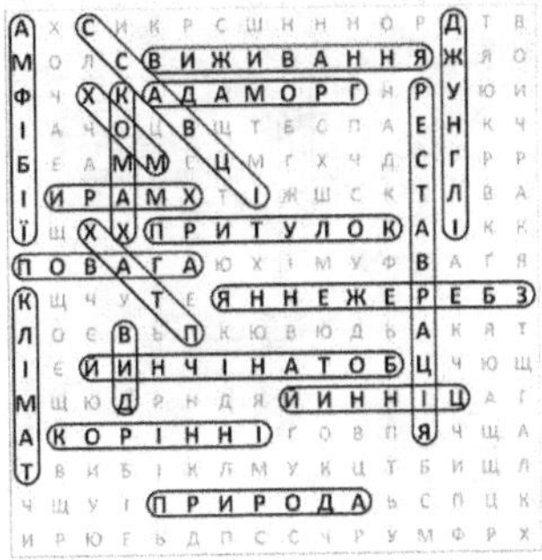

56 - Cidade

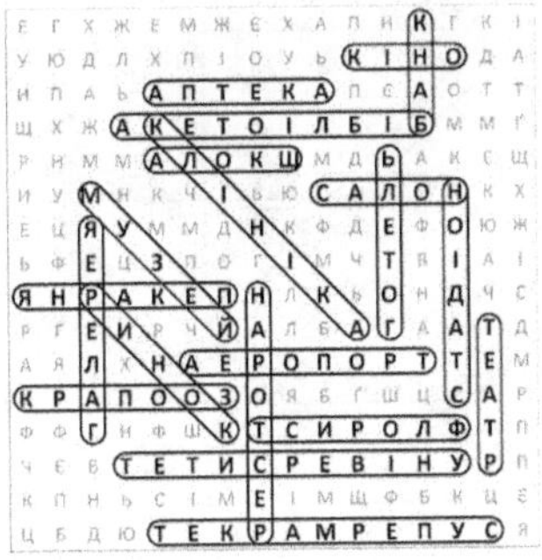

57 - Música

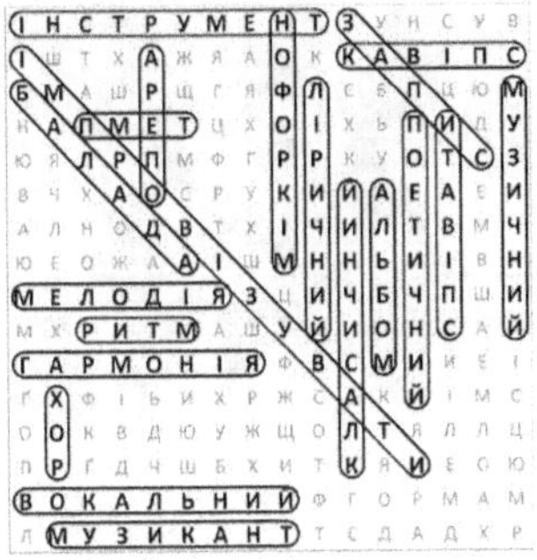

58 - Matemática

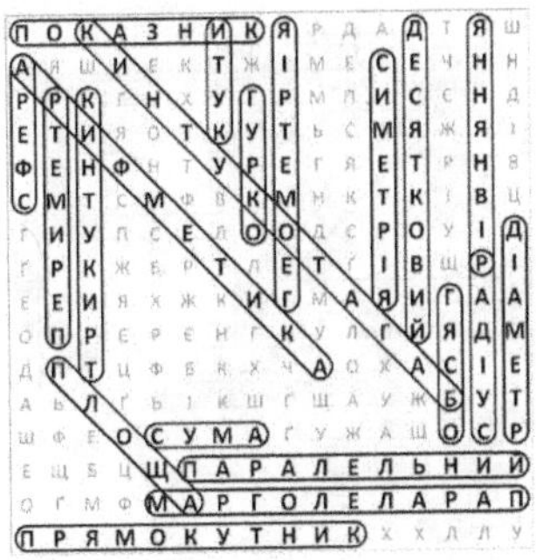

59 - Saúde e Bem Estar #1

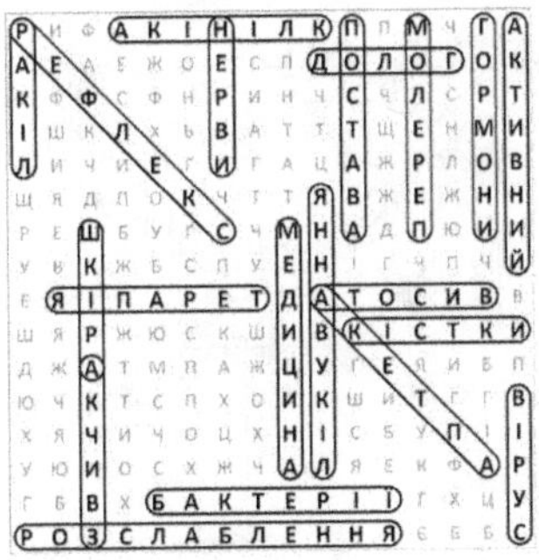

60 - Imigração

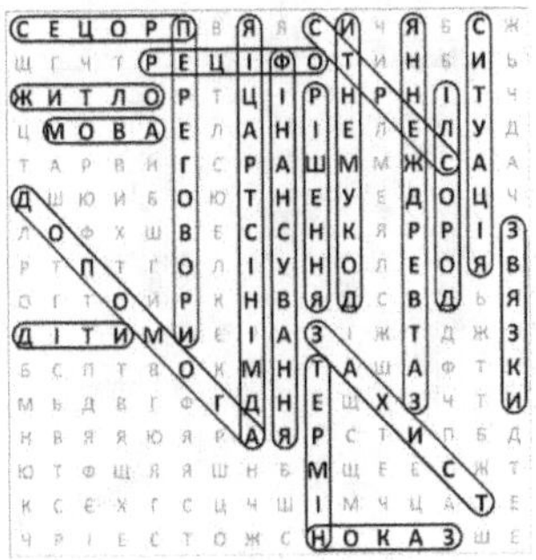

61 - Natureza

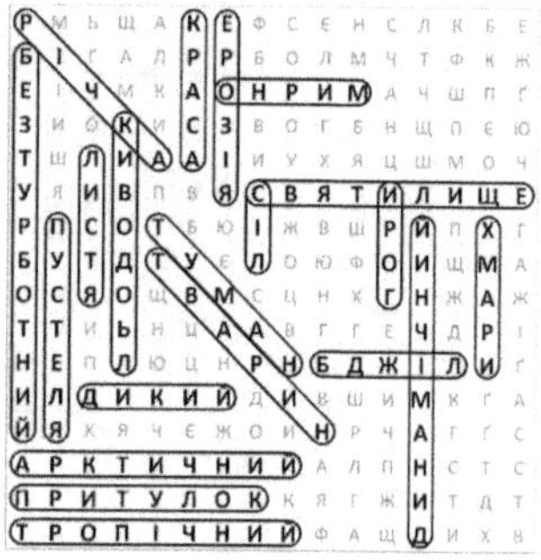

62 - A Empresa

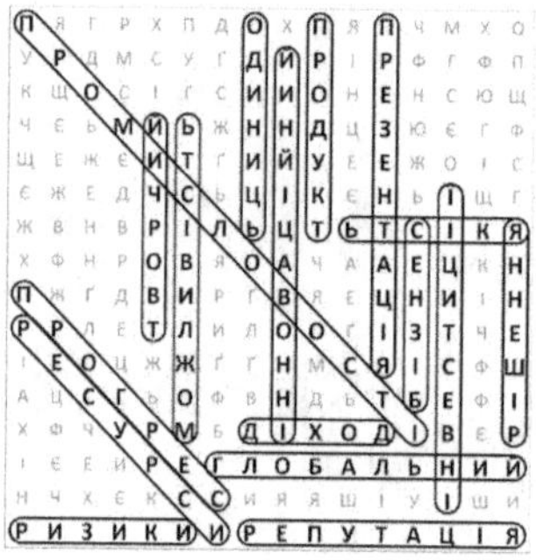

63 - Doença

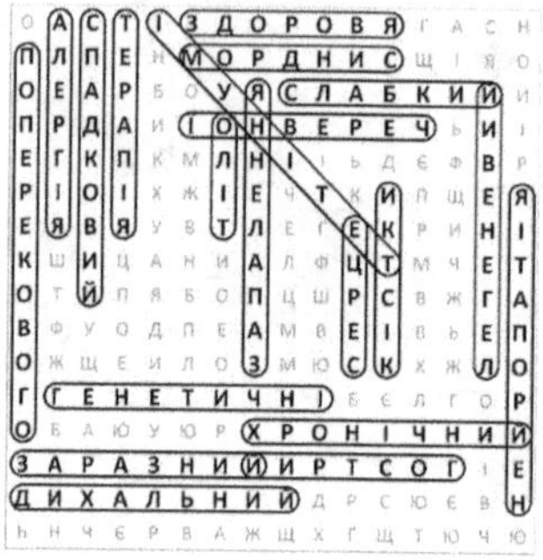

64 - Aquecimento Global

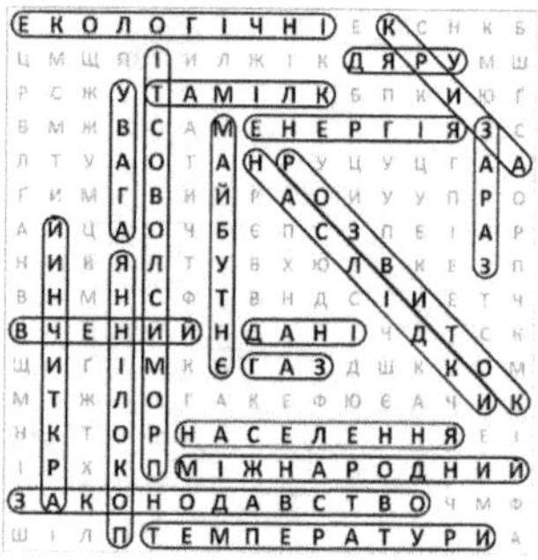

65 - Aviões

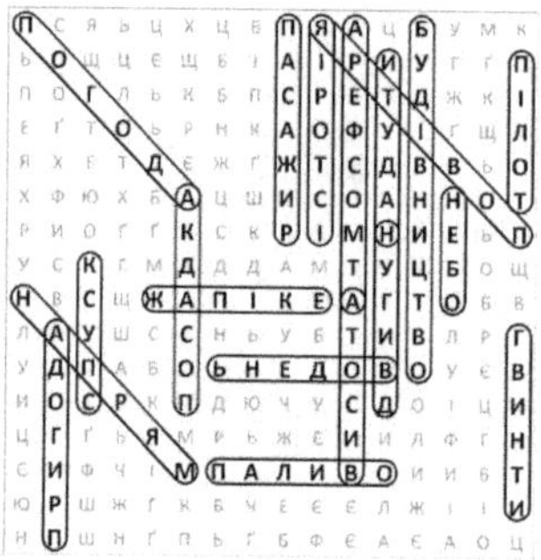

66 - Tipos de Cabelo

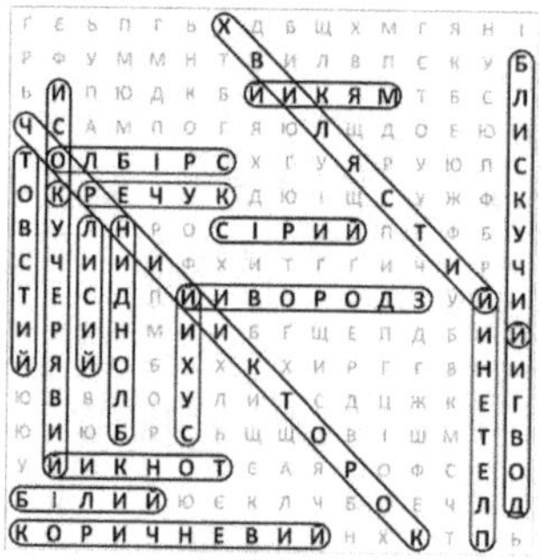

67 - Formas

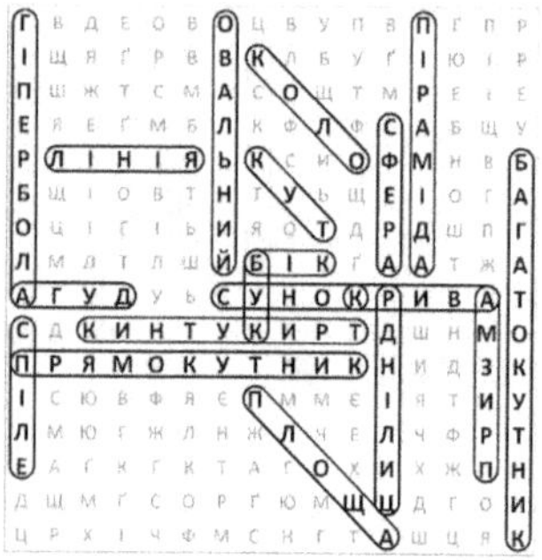

68 - Criatividade

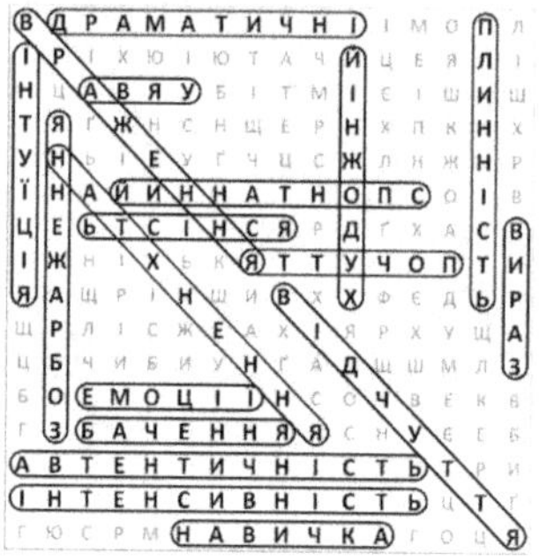

69 - Dias e Meses

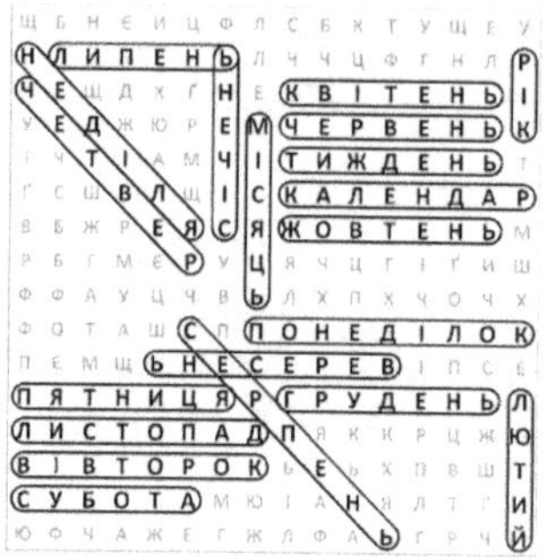

70 - Saúde e Bem Estar #2

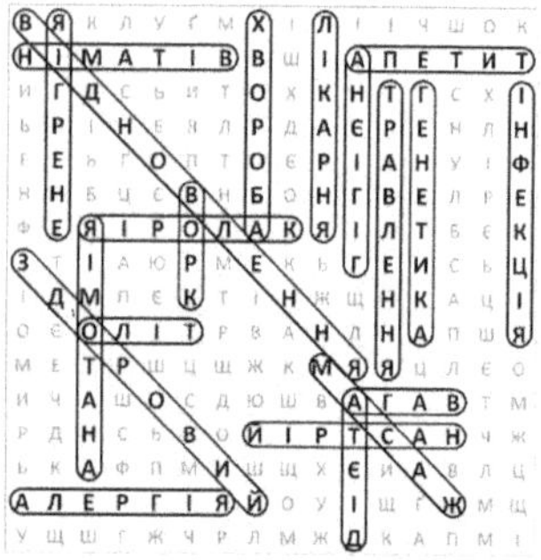

71 - Geografia

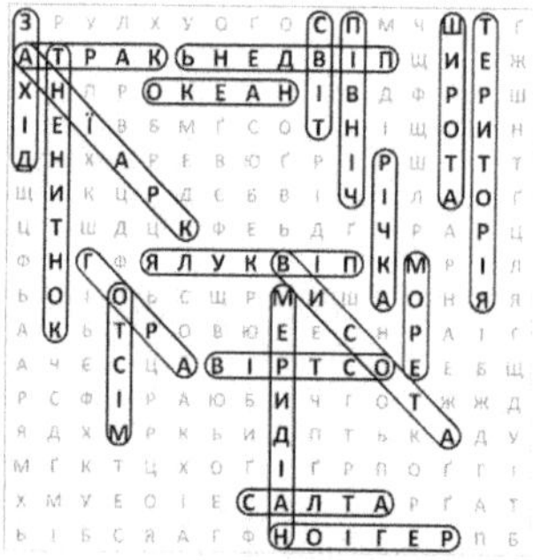

72 - Antártica

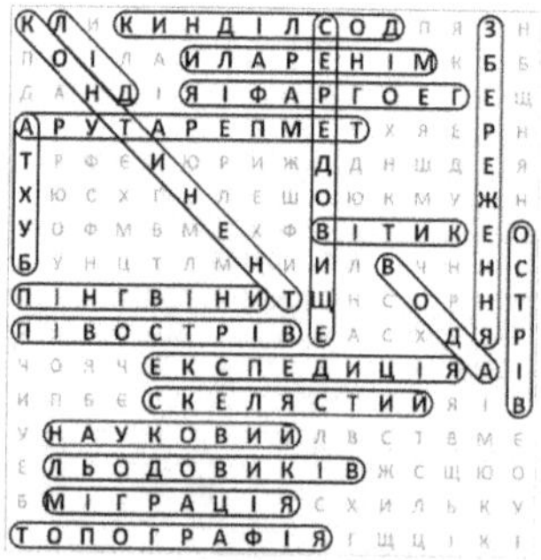

73 - Flores

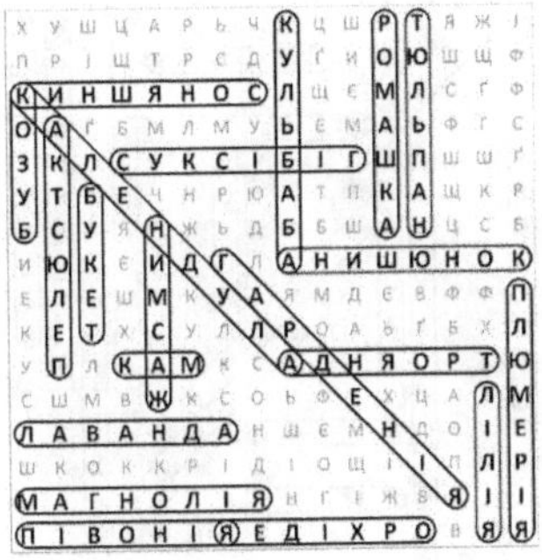

74 - Fazenda #1

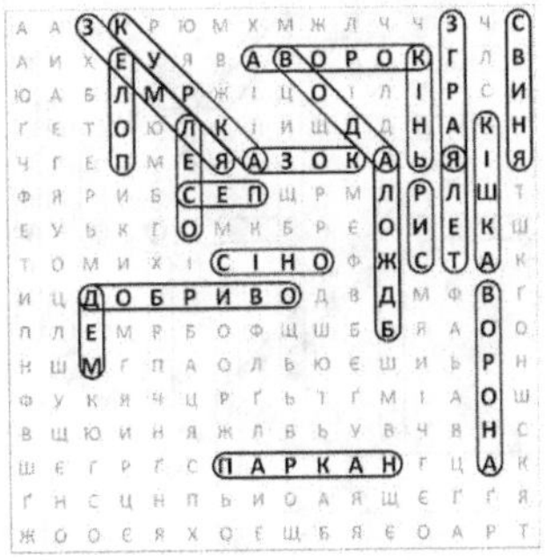

75 - Livros

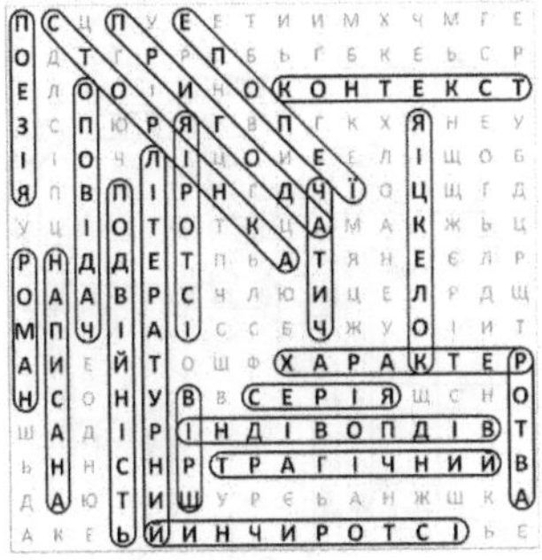

76 - Chocolate

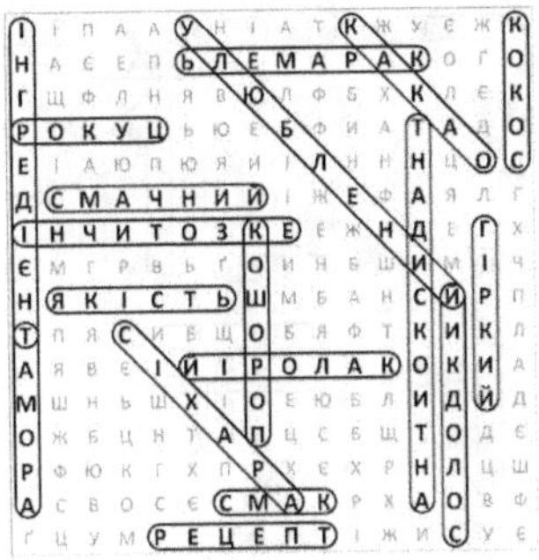

77 - Governo

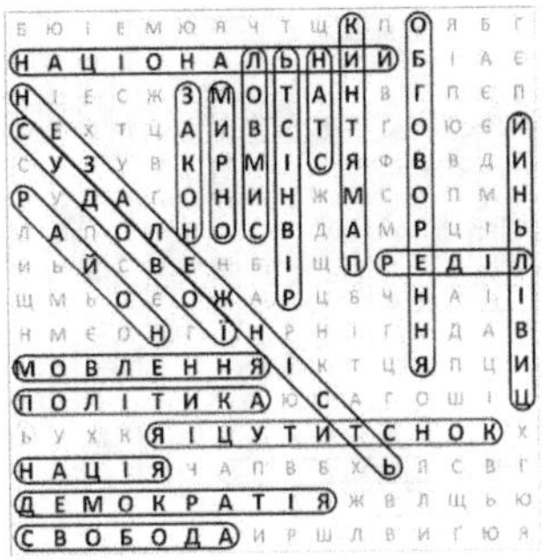

78 - Jardinagem

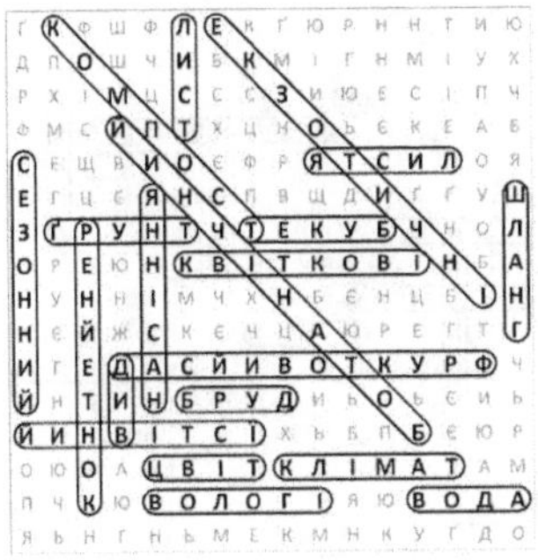

79 - Profissões #2

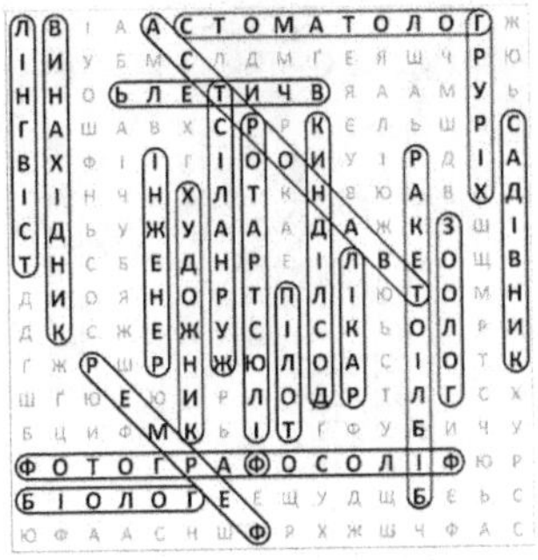

80 - Negócios

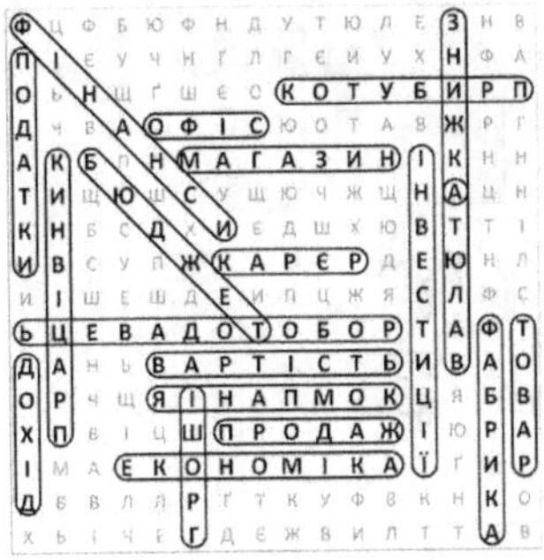

81 - Fazenda #2

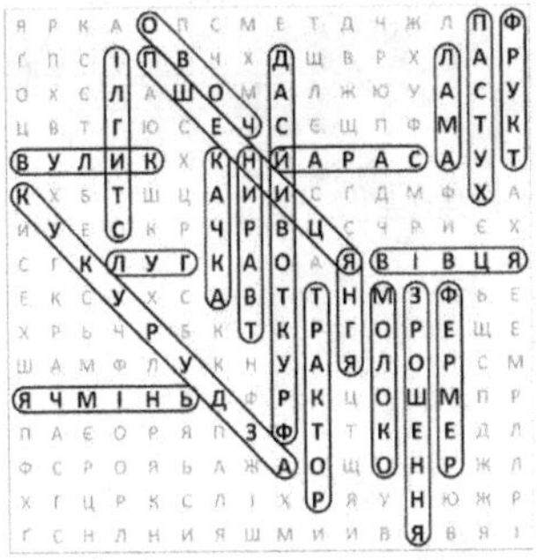

82 - Jardim

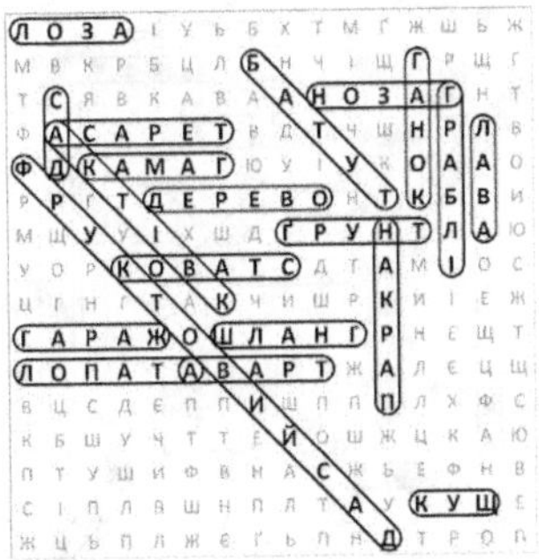

83 - Política

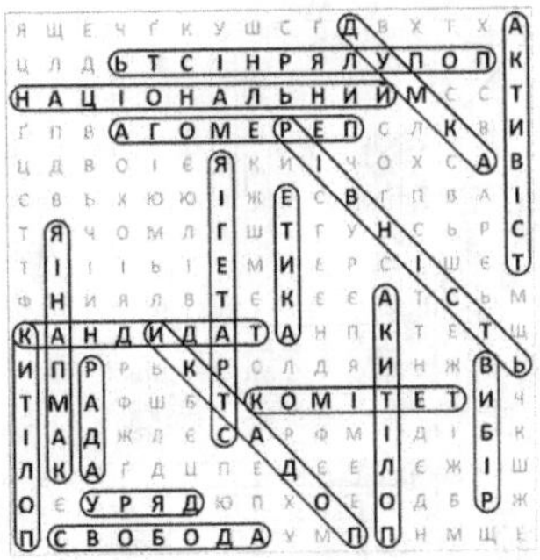

84 - Oceano

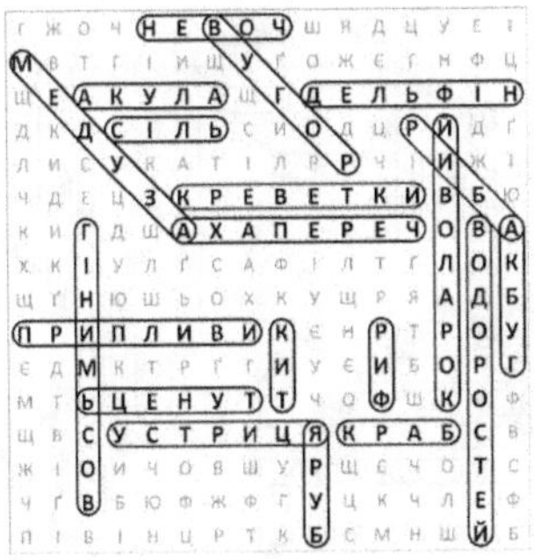

85 - Profissões #1

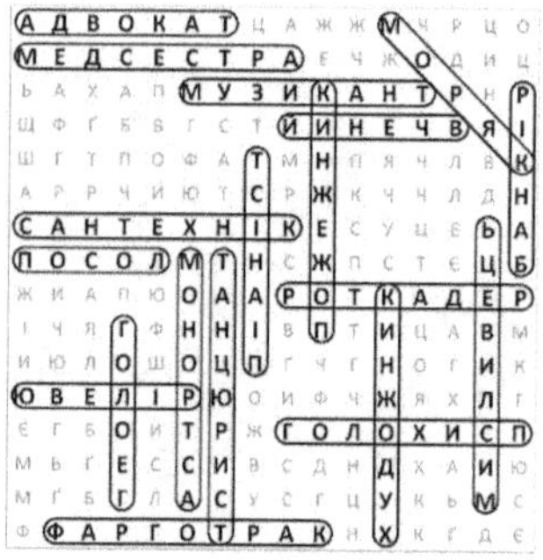

86 - Força e Gravidade

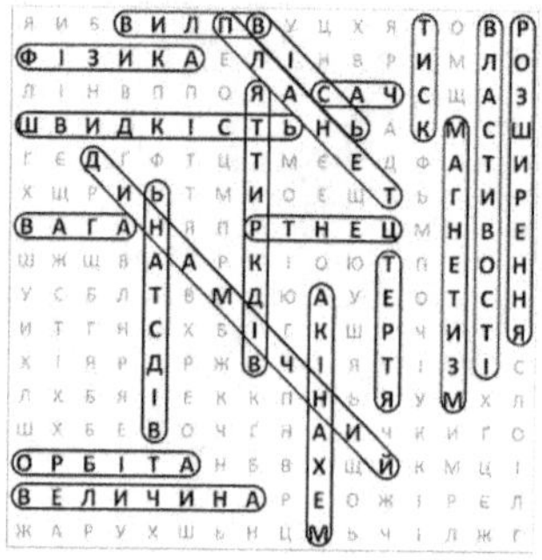

87 - Ciência

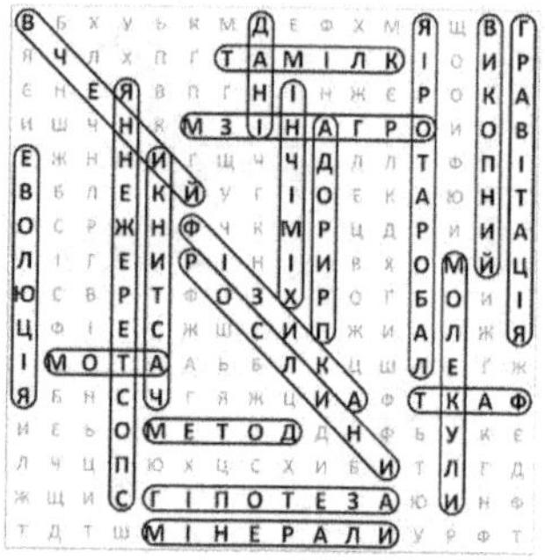

88 - Comida #1

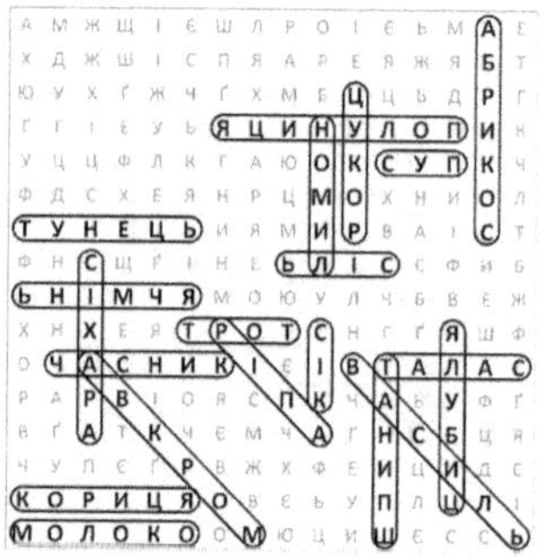

89 - Geometria

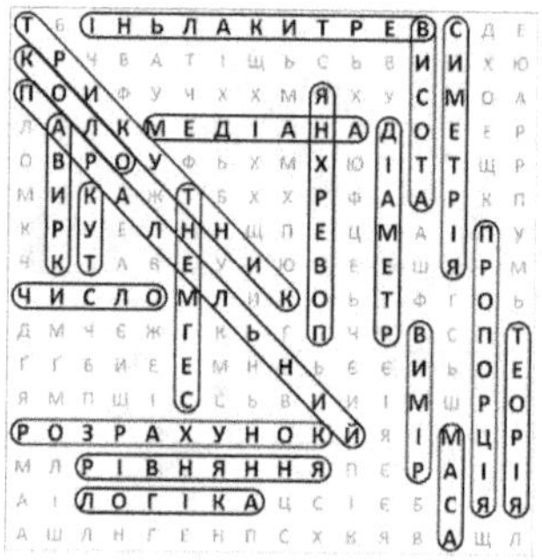

90 - Pássaros

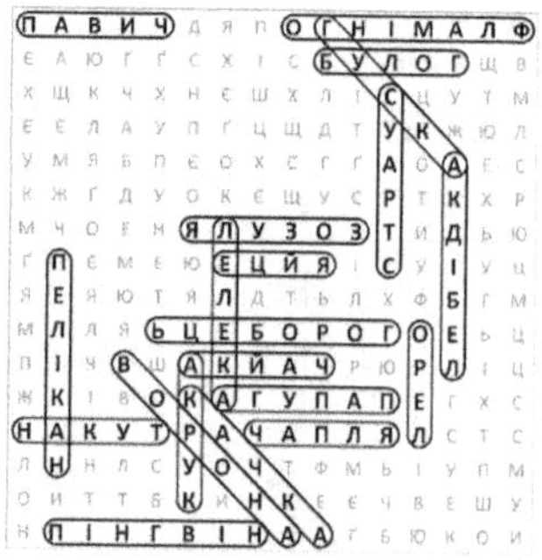

91 - Literatura

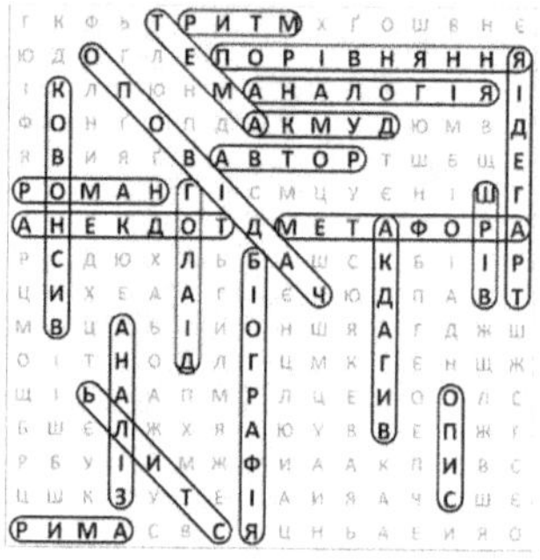

92 - Química

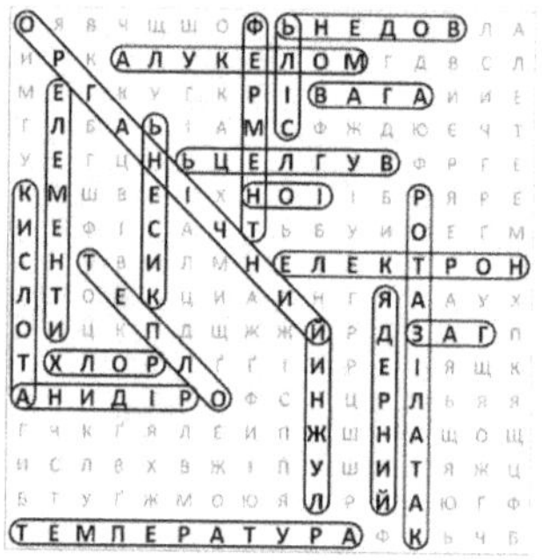

93 - Clima

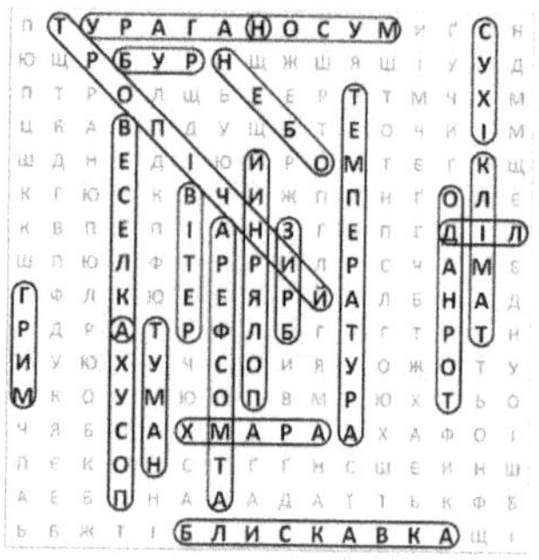

94 - Arte

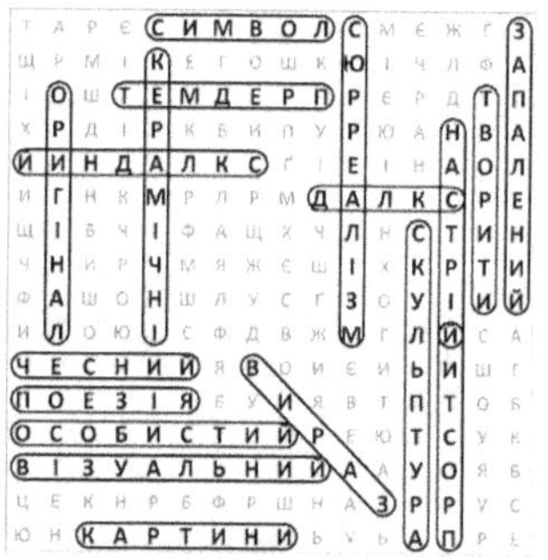

95 - Diplomacia

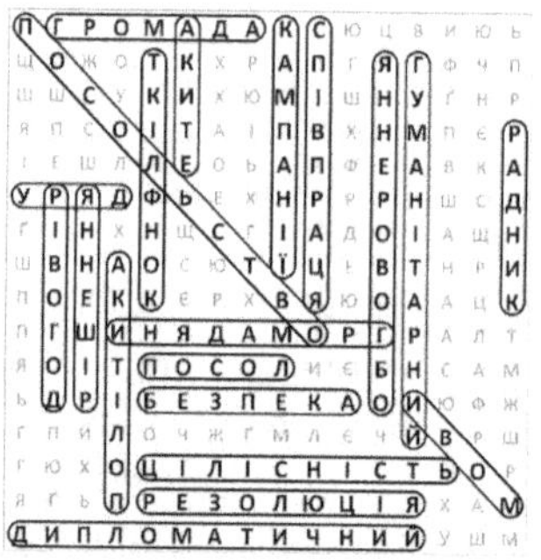

96 - Comida # 2

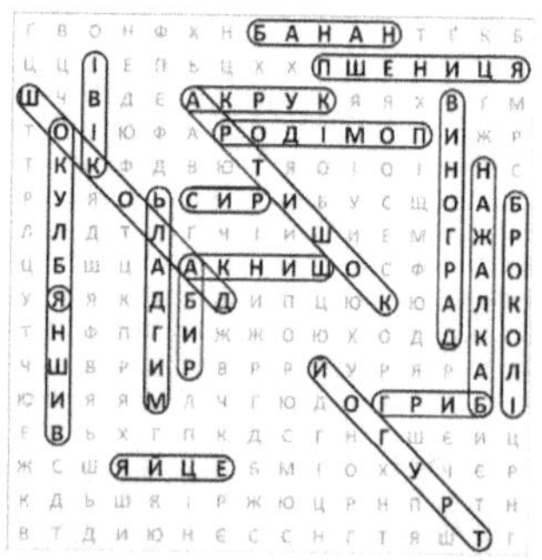

97 - Universo

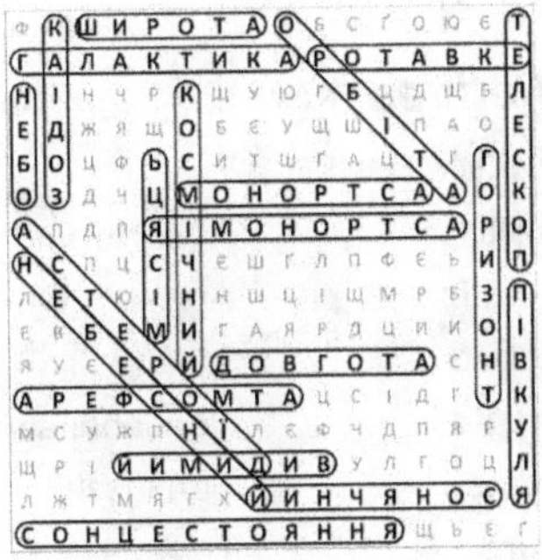

98 - Jazz

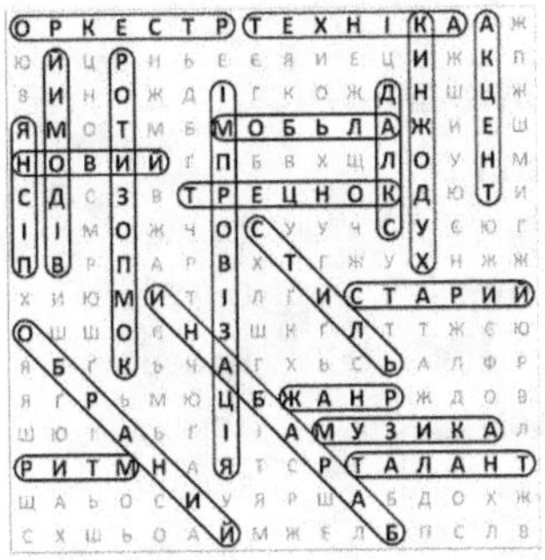

99 - Barcos

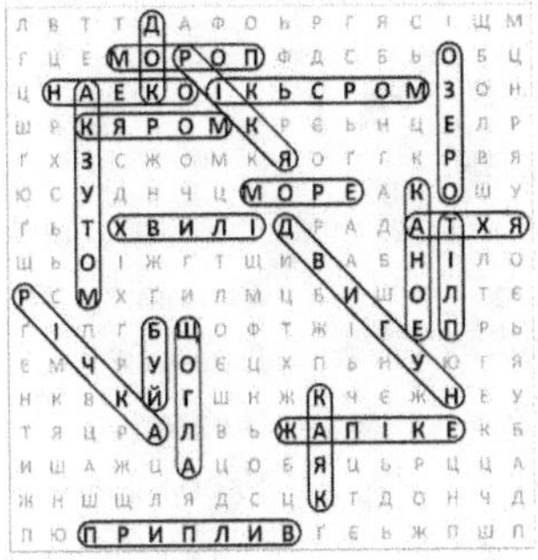

100 - Mamíferos

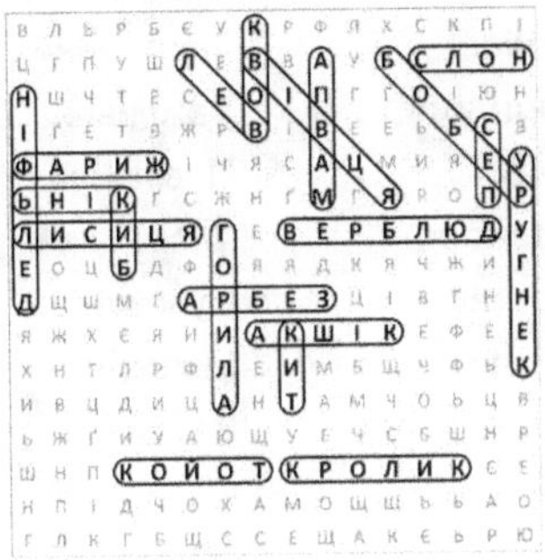

Dicionário

A Empresa
Компанія

Apresentação	Презентація
Criativo	Творчий
Decisão	Рішення
Emprego	Зайнятість
Global	Глобальний
Indústria	Промисловості
Inovador	Інноваційний
Investimento	Інвестиції
Negócio	Бізнес
Possibilidade	Можливість
Produto	Продукт
Profissional	Професійний
Progresso	Прогрес
Qualidade	Якість
Receita	Дохід
Recursos	Ресурси
Reputação	Репутація
Riscos	Ризики
Tendências	Тенденції
Unidades	Одиниць

Acampamento
Кемпінг

Animais	Тварин
Aventura	Пригода
Árvores	Дерева
Bússola	Компас
Cabine	Кабіна
Caça	Полювання
Canoa	Каное
Chapéu	Капелюх
Corda	Мотузка
Equipamento	Обладнання
Floresta	Ліс
Fogo	Вогонь
Inseto	Комаха
Lago	Озеро
Lua	Місяць
Maca	Гамак
Mapa	Карта
Montanha	Гора
Natureza	Природа
Tenda	Намет

Adjetivos #1
Прикметники #1

Absoluto	Абсолютний
Aromático	Ароматичний
Artístico	Художній
Atraente	Привабливий
Enorme	Величезний
Escuro	Темний
Exótico	Екзотичні
Fino	Тонкий
Generoso	Щедрий
Grande	Великий
Honesto	Чесний
Idêntico	Ідентичний
Importante	Важливий
Lento	Повільний
Misterioso	Таємничий
Moderno	Сучасний
Perfeito	Ідеальний
Pesado	Важкий
Sério	Серйозний
Valioso	Цінний

Adjetivos #2
Прикметники #2

Autêntico	Справжнім
Criativo	Творчий
Descritivo	Описовий
Dotado	Обдарований
Elegante	Елегантний
Famoso	Відомий
Forte	Сильний
Grosso	Товстий
Interessante	Цікавий
Natural	Природний
Normal	Нормальний
Novo	Новий
Orgulhoso	Гордий
Produtivo	Продуктивний
Puro	Чистий
Quente	Гаряче
Salgado	Солоний
Saudável	Здоровий
Seco	Сухий
Selvagem	Дикий

Agronomia
Агрономія

Agricultura	Господарство
Ambiente	Середовище
Água	Вода
Ciência	Наука
Crescimento	Зростання
Doenças	Хвороба
Ecologia	Екологія
Energia	Енергія
Erosão	Ерозія
Fertilizante	Добриво
Identificação	Ідентифікація
Legumes	Овочі
Orgânico	Органічний
Plantas	Рослини
Poluição	Забруднення
Produção	Виробництво
Rural	Сільський
Sementes	Насіння
Sistemas	Системи
Solo	Ґрунт

Antártica
Антарктида

Ambiente	Середовище
Água	Вода
Baía	Бухта
Baleias	Китів
Científico	Науковий
Conservação	Збереження
Continente	Континент
Expedição	Експедиція
Geleiras	Льодовиків
Gelo	Лід
Geografia	Географія
Ilhas	Острів
Investigador	Дослідник
Migração	Міграція
Minerais	Мінерали
Península	Півострів
Pinguins	Пінгвіни
Rochoso	Скелястий
Temperatura	Температура
Topografia	Топографія

Antiguidades
Антикваріат

Arte	Мистецтво
Autêntico	Справжнім
Decorativo	Декоративні
Elegante	Елегантний
Entusiasta	Ентузіаст
Escultura	Скульптура
Estilo	Стиль
Galeria	Галерея
Incomum	Незвичайні
Investimento	Інвестиції
Item	Пункт
Leilão	Аукціон
Mobiliário	Меблі
Moedas	Монети
Preço	Ціна
Qualidade	Якість
Restauração	Реставрація
Século	Століття
Valor	Цінність
Velho	Старий

Aquecimento Global
Глобальне Потепління

Agora	Зараз
Ambiental	Екологічні
Atenção	Увага
Ártico	Арктичний
Cientista	Вчений
Clima	Клімат
Consequências	Наслідки
Crise	Криза
Dados	Дані
Desenvolvimento	Розвиток
Energia	Енергія
Futuro	Майбутнє
Gás	Газ
Gerações	Покоління
Governo	Уряд
Indústria	Промисловості
Internacional	Міжнародний
Legislação	Законодавство
Populações	Населення
Temperaturas	Температури

Arqueologia
Археологія

Análise	Аналіз
Anos	Років
Avaliação	Оцінка
Civilização	Цивілізація
Descendente	Нащадка
Desconhecido	Невідомий
Equipe	Команда
Era	Ера
Especialista	Експерт
Esquecido	Забутий
Fóssil	Викопний
Fragmentos	Фрагменти
Investigador	Дослідник
Mistério	Таємниця
Objetos	Об'Єкт
Ossos	Кістки
Professor	Професор
Relíquia	Реліквія
Templo	Храм
Túmulo	Могила

Arte
Мистецтво

Cerâmica	Керамічні
Complexo	Складний
Composição	Склад
Criar	Творити
Escultura	Скульптура
Expressão	Вираз
Honesto	Чесний
Humor	Настрій
Inspirado	Запалений
Original	Оригінал
Pessoal	Особистий
Pinturas	Картини
Poesia	Поезія
Simples	Простий
Símbolo	Символ
Sujeito	Предмет
Surrealismo	Сюрреалізм
Visual	Візуальний

Artes Visuais
Образотворче Мистецтво

Argila	Глина
Arquitetura	Архітектура
Artista	Художник
Caneta	Ручка
Cavalete	Мольберт
Cera	Віск
Cerâmica	Кераміка
Composição	Склад
Criatividade	Творчість
Escultura	Скульптура
Estêncil	Трафарет
Filme	Фільм
Fotografia	Фотографія
Giz	Крейда
Lápis	Олівець
Obra-Prima	Шедевр
Perspectiva	Перспектива
Retrato	Портрет
Verniz	Лак

Astronomia
Астрономія

Asteróide	Астероїд
Astronauta	Астронавт
Astrônomo	Астроном
Céu	Небо
Constelação	Сузір'Я
Cosmos	Космос
Eclipse	Затемнення
Equinócio	Рівнодення
Foguete	Ракета
Gravidade	Гравітація
Lua	Місяць
Meteoro	Метеор
Nebulosa	Туманність
Observatório	Обсерваторія
Planeta	Планета
Radiação	Радіація
Solar	Сонячний
Supernova	Наднова
Terra	Земля
Universo	Всесвіт

Aventura
Пригоди

Alegria	Радість
Amigos	Друзі
Atividade	Діяльність
Beleza	Краса
Bravura	Хоробрість
Chance	Шанс
Desafios	Проблеми
Destino	Призначення
Dificuldade	Трудність
Entusiasmo	Ентузіазм
Excursão	Екскурсія
Incomum	Незвичайні
Itinerário	Маршрут
Natureza	Природа
Navegação	Навігація
Novo	Новий
Oportunidade	Можливість
Perigoso	Небезпечний
Preparação	Підготовка
Segurança	Безпека

Aviões
Літаки

Altura	Висота
Ar	Повітря
Aterrissagem	Посадка
Atmosfera	Атмосфера
Aventura	Пригода
Céu	Небо
Combustível	Паливо
Construção	Будівництво
Descida	Спуск
Direção	Напрям
Hélices	Гвинти
Hidrogênio	Водень
História	Історія
Inflar	Надути
Motor	Двигун
Passageiro	Пасажир
Piloto	Пілот
Tempo	Погода
Tripulação	Екіпаж

Água
Вода

Canal	Канал
Chuva	Дощ
Chuveiro	Душ
Evaporação	Випаровування
Furacão	Ураган
Geada	Мороз
Gelo	Лід
Geyser	Гейзер
Inundação	Повінь
Irrigação	Зрошення
Lago	Озеро
Monção	Мусон
Neve	Сніг
Oceano	Океан
Ondas	Хвилі
Potável	Питний
Rio	Річка
Umidade	Вологість
Vapor	Пар

Álgebra
Алгебра

Diagrama	Діаграма
Equação	Рівняння
Expoente	Показник
Falso	Помилковий
Fator	Фактор
Fórmula	Формула
Infinito	Нескінченний
Linear	Лінійний
Matriz	Матриця
Número	Число
Parêntese	Дужки
Problema	Проблема
Quantidade	Кількість
Resolver	Вирішити
Simplificar	Спростити
Solução	Рішення
Soma	Сума
Subtração	Віднімання
Variável	Змінна
Zero	Нуль

Balé
Балет

Aplauso	Оплески
Artístico	Художній
Bailarina	Балерина
Compositor	Композитор
Coreografia	Хореографія
Dançarinos	Танцюристів
Ensaio	Репетиція
Estilo	Стиль
Expressivo	Виразний
Gesto	Жест
Gracioso	Витончений
Habilidade	Навичка
Intensidade	Інтенсивність
Música	Музика
Orquestra	Оркестр
Prática	Практика
Público	Аудиторія
Ritmo	Ритм
Solo	Соло
Técnica	Техніка

Barcos
Катери

Âncora	Якір
Balsa	Пором
Bóia	Буй
Caiaque	Каяк
Canoa	Каное
Corda	Мотузка
Doca	Док
Iate	Яхта
Jangada	Пліт
Lago	Озеро
Mar	Море
Maré	Приплив
Marinheiro	Моряк
Mastro	Щогла
Motor	Двигун
Náutico	Морські
Oceano	Океан
Ondas	Хвилі
Rio	Річка
Tripulação	Екіпаж

Beleza
Краса

Batom	Помада
Cachos	Кучер
Charme	Шарм
Cor	Колір
Cosméticos	Косметика
Elegante	Елегантний
Elegância	Елегантність
Espelho	Дзеркало
Estilista	Стиліст
Fotogênico	Фотогенічний
Fragrância	Аромат
Graça	Благодать
Maquiagem	Макіяж
Óleos	Масла
Pele	Шкіра
Produtos	Продукти
Rímel	Туш
Serviços	Послуги
Tesoura	Ножиці
Xampu	Шампунь

Biologia
Біології

Anatomia	Анатомія
Bactérias	Бактерії
Célula	Комірка
Colagénio	Колаген
Cromossoma	Хромосома
Embrião	Ембріон
Enzima	Фермент
Evolução	Еволюція
Fotossíntese	Фотосинтез
Hormona	Гормон
Mamífero	Ссавець
Mutação	Мутація
Natural	Природний
Nervo	Нерв
Neurônio	Нейрон
Osmose	Осмос
Proteína	Білок
Réptil	Рептилія
Simbiose	Симбіоз
Sinapse	Синапс

Caminhada
Походи

Acampamento	Кемпінг
Animais	Тварин
Água	Вода
Botas	Чоботи
Cansado	Втомився
Clima	Клімат
Cume	Саміт
Mapa	Карта
Montanha	Гора
Natureza	Природа
Orientação	Орієнтація
Parques	Парки
Pedras	Камені
Perigos	Небезпеки
Pesado	Важкий
Preparação	Підготовка
Selvagem	Дикий
Sol	Сонце
Tempo	Погода

Casa
Будинок

Biblioteca	Бібліотека
Cerca	Паркан
Chaves	Ключі
Chuveiro	Душ
Cortinas	Штори
Cozinha	Кухня
Espelho	Дзеркало
Garagem	Гараж
Janela	Вікно
Jardim	Сад
Lareira	Камін
Mobiliário	Меблі
Parede	Стіна
Porta	Двері
Quarto	Кімната
Sótão	Горище
Tapete	Килимок
Teto	Стеля
Torneira	Кран
Vassoura	Мітла

Chocolate
Шоколад

Açúcar	Цукор
Amargo	Гіркий
Amendoins	Арахіс
Antioxidante	Антиоксидант
Cacau	Какао
Calorias	Калорій
Caramelo	Карамель
Coco	Кокос
Delicioso	Смачний
Doce	Солодкий
Exótico	Екзотичні
Favorito	Улюблений
Gosto	Смак
Ingrediente	Інгредієнт
Pó	Порошок
Qualidade	Якість
Receita	Рецепт
Sabor	Аромат

Churrascos
Барбекю

Almoço	Обід
Convite	Запрошення
Crianças	Діти
Facas	Ножі
Família	Родина
Fome	Голод
Frango	Курка
Fruta	Фрукт
Grelha	Гриль
Jantar	Вечеря
Jogos	Ігри
Legumes	Овочі
Molho	Соус
Música	Музика
Pimenta	Перець
Quente	Гаряче
Sal	Сіль
Saladas	Салати
Tomates	Помідори
Verão	Літо

Cidade
Місто

Aeroporto	Аеропорт
Banco	Банк
Biblioteca	Бібліотека
Cinema	Кіно
Clínica	Клініка
Escola	Школа
Estádio	Стадіон
Farmácia	Аптека
Florista	Флорист
Galeria	Галерея
Hotel	Готель
Jardim Zoológico	Зоопарк
Mercado	Ринок
Museu	Музей
Padaria	Пекарня
Restaurante	Ресторан
Salão	Салон
Supermercado	Супермаркет
Teatro	Театр
Universidade	Університет

Ciência
Наукова

Átomo	Атом
Cientista	Вчений
Clima	Клімат
Dados	Дані
Evolução	Еволюція
Fato	Факт
Física	Фізика
Fóssil	Викопний
Gravidade	Гравітація
Hipótese	Гіпотеза
Laboratório	Лабораторія
Método	Метод
Minerais	Мінерали
Moléculas	Молекули
Natureza	Природа
Observação	Спостереження
Organismo	Організм
Partículas	Частинки
Plantas	Рослини
Químico	Хімічні

Clima
Погода

Arco-Íris	Веселка
Atmosfera	Атмосфера
Brisa	Бриз
Céu	Небо
Clima	Клімат
Furacão	Ураган
Gelo	Лід
Monção	Мусон
Nevoeiro	Туман
Nuvem	Хмара
Polar	Полярний
Relâmpago	Блискавка
Seca	Посуха
Seco	Сухі
Temperatura	Температура
Tempestade	Бур
Tornado	Торнадо
Tropical	Тропічний
Trovão	Грим
Vento	Вітер

Comida # 2
Харчування #2

Alcachofra	Артишок
Amêndoa	Мигдаль
Arroz	Рис
Banana	Банан
Beringela	Баклажан
Brócolis	Броколі
Cereja	Вишня
Chocolate	Шоколад
Cogumelo	Гриб
Frango	Курка
Iogurte	Йогурт
Kiwi	Ківі
Maçã	Яблуко
Ovo	Яйце
Peixe	Риба
Presunto	Шинка
Queijo	Сир
Tomate	Помідор
Trigo	Пшениця
Uva	Виноград

Comida #1
Харчування #1

Açúcar	Цукор
Alho	Часник
Amendoim	Арахіс
Atum	Тунець
Bolo	Торт
Canela	Кориця
Cebola	Цибуля
Cenoura	Морква
Cevada	Ячмінь
Damasco	Абрикос
Espinafre	Шпинат
Leite	Молоко
Limão	Лимон
Manjericão	Василь
Morango	Полуниця
Nabo	Ріпа
Sal	Сіль
Salada	Салат
Sopa	Суп
Suco	Сік

Corpo Humano
Людське Тіло

Boca	Рот
Cabeça	Голова
Cérebro	Мозок
Coração	Серце
Cotovelo	Лікоть
Dedo	Палець
Joelho	Коліна
Mandíbula	Щелепа
Mão	Рука
Nariz	Ніс
Olho	Око
Ombro	Плече
Orelha	Вухо
Pele	Шкіра
Perna	Нога
Pescoço	Шия
Queixo	Підборіддя
Sangue	Кров
Testa	Лоб
Tornozelo	Щиколотки

Cozinha
Кухня

Avental	Фартух
Chaleira	Чайник
Colheres	Ложки
Cups	Чашки
Especiarias	Спеції
Esponja	Губка
Facas	Ножі
Forno	Піч
Freezer	Морозильник
Garfos	Вилки
Geladeira	Холодильник
Grelha	Гриль
Guardanapo	Серветка
Jar	Глек
Jarro	Глечик
Pauzinhos	Паличками
Receita	Рецепт
Tigela	Чаша

Criatividade
Творчість

Artístico	Художній
Autenticidade	Автентичність
Clareza	Ясність
Dramático	Драматичні
Emoções	Емоції
Espontânea	Спонтанний
Expressão	Вираз
Fluidez	Плинність
Habilidade	Навичка
Imagem	Зображення
Imaginação	Уява
Impressão	Враження
Inspiração	Натхнення
Intensidade	Інтенсивність
Intuição	Інтуїція
Sensação	Відчуття
Sentimentos	Почуття
Visões	Бачення

Dança
Танець

Academia	Академія
Alegre	Радісний
Arte	Мистецтво
Clássico	Класичний
Coreografia	Хореографія
Corpo	Тіло
Cultura	Культура
Cultural	Культурний
Emoção	Емоція
Ensaio	Репетиція
Expressivo	Виразний
Graça	Благодать
Movimento	Рух
Música	Музика
Parceiro	Партнер
Postura	Постава
Ritmo	Ритм
Tradicional	Традиційний
Visual	Візуальний

Dias e Meses
Дні та Місяці

Abril	Квітень
Agosto	Серпень
Ano	Рік
Calendário	Календар
Dezembro	Грудень
Domingo	Неділя
Fevereiro	Лютий
Janeiro	Січень
Julho	Липень
Junho	Червень
Mês	Місяць
Novembro	Листопад
Outubro	Жовтень
Quinta-Feira	Четвер
Sábado	Субота
Segunda-Feira	Понеділок
Semana	Тиждень
Setembro	Вересень
Sexta-Feira	П'Ятниця
Terça	Вівторок

Diplomacia
Дипломатія

Campanhas	Кампанії
Cidadãos	Громадяни
Comunidade	Громада
Conflito	Конфлікт
Consultor	Радник
Cooperação	Співпраця
Diplomático	Дипломатичний
Discussão	Обговорення
Embaixada	Посольство
Embaixador	Посол
Ética	Етика
Governo	Уряд
Humanitário	Гуманітарний
Integridade	Цілісність
Línguas	Мови
Política	Політика
Resolução	Резолюція
Segurança	Безпека
Solução	Рішення
Tratado	Договір

Dirigindo
Водіння

Acidente	Аварія
Carro	Автомобіль
Combustível	Паливо
Cuidado	Обережність
Estrada	Дорога
Freios	Гальма
Garagem	Гараж
Gás	Газ
Licença	Ліцензія
Mapa	Карта
Motocicleta	Мотоцикл
Motor	Мотор
Pedestre	Пішохід
Perigo	Небезпека
Polícia	Поліція
Rua	Вулиця
Segurança	Безпека
Transporte	Транспорт
Tráfego	Трафік
Túnel	Тунель

Disciplinas Científicas
Наукові Дисципліни

Anatomia	Анатомія
Arqueologia	Археологія
Astronomia	Астрономія
Biologia	Біологія
Bioquímica	Біохімія
Botânica	Ботаніка
Cinesiologia	Кінезіологія
Ecologia	Екологія
Fisiologia	Фізіологія
Geologia	Геологія
Imunologia	Імунологія
Linguística	Лінгвістика
Meteorologia	Метеорологія
Mineralogia	Мінералогія
Neurologia	Неврологія
Psicologia	Психологія
Química	Хімія
Sociologia	Соціологія
Termodinâmica	Термодинаміка
Zoologia	Зоологія

Doença
Захворювання

Abdominal	Черевної
Agudo	Гострий
Alergias	Алергія
Contagioso	Заразний
Coração	Серце
Corpo	Тіло
Crônica	Хронічний
Fraco	Слабкий
Genético	Генетичні
Hereditário	Спадковий
Imunidade	Імунітет
Inflamação	Запалення
Lombar	Поперекового
Neuropatia	Нейропатія
Ossos	Кістки
Pulmonar	Легеневий
Respiratório	Дихальний
Saúde	Здоров'Я
Síndrome	Синдром
Terapia	Терапія

Edifícios
Будинки

Apartamento	Квартира
Castelo	Замок
Celeiro	Сарай
Cinema	Кіно
Embaixada	Посольство
Escola	Школа
Estádio	Стадіон
Fazenda	Ферма
Fábrica	Фабрика
Garagem	Гараж
Hospital	Лікарня
Hotel	Готель
Laboratório	Лабораторія
Museu	Музей
Observatório	Обсерваторія
Supermercado	Супермаркет
Teatro	Театр
Tenda	Намет
Torre	Вежа
Universidade	Університет

Energia
Енергія

Ambiente	Середовище
Bateria	Батарея
Calor	Тепло
Carbono	Вуглець
Combustível	Паливо
Diesel	Дизель
Elétrico	Електричний
Elétron	Електрон
Entropia	Ентропія
Fóton	Фотон
Gasolina	Бензин
Hidrogênio	Водень
Indústria	Промисловості
Motor	Двигун
Nuclear	Ядерний
Poluição	Забруднення
Renovável	Поновлюваних
Sol	Сонце
Turbina	Турбіна
Vento	Вітер

Engenharia
Інженерія

Atrito	Тертя
Ângulo	Кут
Cálculo	Розрахунок
Construção	Будівництво
Diagrama	Діаграма
Diâmetro	Діаметр
Diesel	Дизель
Dimensões	Розміри
Distribuição	Розподіл
Eixo	Вісь
Energia	Енергія
Estabilidade	Стабільність
Estrutura	Структура
Força	Сила
Líquido	Рідина
Máquina	Машина
Medição	Вимірювання
Motor	Двигун
Profundidade	Глибина
Propulsão	Рушій

Especiarias
Спеції

Açafrão	Шафран
Alcaçuz	Солодка
Alho	Часник
Amargo	Гіркий
Anis	Аніс
Azedo	Кислий
Baunilha	Ванілі
Canela	Кориця
Cardamomo	Кардамон
Caril	Каррі
Cebola	Цибуля
Coentro	Коріандр
Cominho	Кмин
Cravo	Гвоздика
Doce	Солодкий
Funcho	Фенхель
Gengibre	Імбир
Pimenta	Перець
Sabor	Аромат
Sal	Сіль

Esporte
Спорт

Alongamento	Розтягування
Atleta	Спортсмен
Capacidade	Здатність
Corpo	Тіло
Dançando	Танці
Dieta	Дієта
Esportes	Спорт
Força	Сила
Jogging	Біг
Maximizar	Максимізувати
Metabólico	Метаболічний
Músculos	М'Язи
Nutrição	Харчування
Objetivo	Мета
Ossos	Кістки
Programa	Програма
Resistência	Витривалість
Saúde	Здоров'Я
Treinador	Тренер

Família
Сімейний

Antepassado	Предок
Avó	Бабуся
Criança	Дитина
Crianças	Діти
Esposa	Дружина
Filha	Дочка
Infância	Дитинство
Irmã	Сестра
Irmão	Брат
Marido	Чоловік
Materno	Материнський
Mãe	Мати
Neto	Онук
Pai	Батько
Paterno	Батьківський
Primo	Кузен
Sobrinha	Племінниця
Sobrinho	Племінник
Tia	Тітка
Tio	Дядько

Fazenda #1
Ферма #1

Abelha	Бджола
Arroz	Рис
Água	Вода
Bezerro	Теля
Burro	Осел
Cabra	Коза
Campo	Поле
Cavalo	Кінь
Cão	Пес
Cerca	Паркан
Corvo	Ворона
Feno	Сіно
Fertilizante	Добриво
Frango	Курка
Gato	Кішка
Mel	Мед
Porco	Свиня
Rebanho	Зграя
Terra	Земля
Vaca	Корова

Fazenda #2
Ферма #2

Agricultor	Фермер
Animais	Тварин
Celeiro	Сарай
Cevada	Ячмінь
Colmeia	Вулик
Cordeiro	Ягня
Fruta	Фрукт
Irrigação	Зрошення
Leite	Молоко
Lhama	Лама
Maduro	Стиглі
Milho	Кукурудза
Ovelha	Вівця
Pastor	Пастух
Pato	Качка
Pomar	Фруктовий Сад
Prado	Луг
Trator	Трактор
Trigo	Пшениця
Vegetal	Овоч

Férias #2
Відпустка #2

Aeroporto	Аеропорт
Destino	Призначення
Estrangeiro	Іноземець
Feriado	Свято
Fotos	Фото
Hotel	Готель
Ilha	Острів
Lazer	Дозвілля
Mapa	Карта
Mar	Море
Montanhas	Гори
Passaporte	Паспорт
Praia	Пляж
Reservas	Бронювання
Restaurante	Ресторан
Táxi	Таксі
Tenda	Намет
Transporte	Транспорт
Viagem	Подорож
Visto	Віза

Ficção Científica
Наукова Фантастика

Atómico	Атомний
Cinema	Кіно
Distante	Далекий
Distopia	Антиутопія
Explosão	Вибух
Fantástico	Фантастичний
Fogo	Вогонь
Futurista	Футуристичний
Galáxia	Галактика
Ilusão	Ілюзія
Imaginário	Уявний
Livros	Книги
Misterioso	Таємничий
Mundo	Світ
Oráculo	Оракул
Planeta	Планета
Realista	Реалістичний
Robôs	Роботи
Tecnologia	Технологія
Utopia	Утопія

Filantropia
Благодійність

Caridade	Благодійність
Comunidade	Громада
Contatos	Контакти
Crianças	Діти
Desafios	Проблеми
Finança	Фінанси
Fundos	Кошти
Generosidade	Щедрість
Global	Глобальний
Grupos	Групи
História	Історія
Honestidade	Чесність
Humanidade	Людство
Juventude	Молодь
Missão	Місія
Necessidade	Потреба
Objetivos	Цілі
Pessoas	Люди
Programas	Програми
Público	Громадський

Física
Фізика

Aceleração	Прискорення
Átomo	Атом
Caos	Хаос
Densidade	Щільність
Elétron	Електрон
Fórmula	Формула
Frequência	Частота
Gás	Газ
Gravidade	Гравітація
Magnetismo	Магнетизм
Massa	Маса
Mecânica	Механіка
Molécula	Молекула
Motor	Двигун
Nuclear	Ядерний
Partícula	Частинка
Químico	Хімічні
Relatividade	Відносність
Universal	Універсальний
Velocidade	Швидкість

Flores
Квіти

Buquê	Букет
Calêndula	Календула
Dente-De-Leão	Кульбаба
Gardênia	Гарденія
Girassol	Соняшник
Hibisco	Гібіскус
Jasmim	Жасмин
Lavanda	Лаванда
Lilás	Бузок
Lírio	Лілія
Magnólia	Магнолія
Margarida	Ромашка
Orquídea	Орхідея
Papoula	Мак
Peônia	Півонія
Pétala	Пелюстка
Plumeria	Плюмерія
Rosa	Троянда
Trevo	Конюшина
Tulipa	Тюльпан

Floresta Tropical
Тропічний Ліс

Anfíbios	Амфібії
Botânico	Ботанічний
Clima	Клімат
Comunidade	Громада
Espécies	Вид
Indígena	Корінні
Insetos	Комах
Mamíferos	Ссавці
Musgo	Мох
Natureza	Природа
Nuvens	Хмари
Pássaros	Птах
Preservação	Збереження
Refúgio	Притулок
Respeito	Повага
Restauração	Реставрація
Selva	Джунглі
Sobrevivência	Виживання
Valioso	Цінний

Força e Gravidade
Сила і Гравітація

Atrito	Тертя
Centro	Центр
Descoberta	Відкриття
Dinâmico	Динамічний
Distância	Відстань
Eixo	Вісь
Expansão	Розширення
Física	Фізика
Impacto	Вплив
Magnetismo	Магнетизм
Magnitude	Величина
Mecânica	Механіка
Órbita	Орбіта
Peso	Вага
Planetas	Планет
Pressão	Тиск
Propriedades	Властивості
Rapidez	Швидкість
Tempo	Час
Universal	Універсальний

Formas
Форми

Arco	Дуга
Canto	Кут
Cilindro	Циліндр
Círculo	Коло
Cone	Конус
Cubo	Куб
Curva	Крива
Elipse	Еліпс
Esfera	Сфера
Hipérbole	Гіпербола
Lado	Бік
Linha	Лінія
Oval	Овальний
Pirâmide	Піраміда
Polígono	Багатокутник
Prisma	Призма
Quadrado	Площа
Retângulo	Прямокутник
Triângulo	Трикутник

Frutas
Фрукти

Abacate	Авокадо
Abacaxi	Ананас
Amora	Ожина
Baga	Ягода
Banana	Банан
Cereja	Вишня
Coco	Кокос
Damasco	Абрикос
Figo	Фіг
Framboesa	Малина
Kiwi	Ківі
Laranja	Оранжевий
Limão	Лимон
Maçã	Яблуко
Mamão	Папайя
Manga	Манго
Nectarina	Нектарин
Pera	Груша
Pêssego	Персик
Uva	Виноград

Geografia
Географія

Altitude	Висота
Atlas	Атлас
Cidade	Місто
Continente	Континент
Hemisfério	Півкуля
Ilha	Острів
Latitude	Широта
Mapa	Карта
Mar	Море
Meridiano	Меридіан
Montanha	Гора
Mundo	Світ
Norte	Північ
Oceano	Океан
Oeste	Захід
País	Країна
Região	Регіон
Rio	Річка
Sul	Південь
Território	Територія

Geologia
Геологія

Ácido	Кислота
Camada	Шар
Caverna	Печера
Cálcio	Кальцій
Continente	Континент
Coral	Кораловий
Cristais	Кристали
Erosão	Ерозія
Estalactite	Сталактит
Estalagmites	Сталагміти
Fóssil	Викопний
Lava	Лава
Minerais	Мінерали
Pedra	Камінь
Platô	Плато
Quartzo	Кварц
Sal	Сіль
Terremoto	Землетрус
Vulcão	Вулкан
Zona	Зона

Geometria
Геометрія

Altura	Висота
Ângulo	Кут
Cálculo	Розрахунок
Círculo	Коло
Curva	Крива
Diâmetro	Діаметр
Dimensão	Вимір
Equação	Рівняння
Lógica	Логіка
Massa	Маса
Mediana	Медіана
Número	Число
Paralelo	Паралельний
Proporção	Пропорція
Segmento	Сегмент
Simetria	Симетрія
Superfície	Поверхня
Teoria	Теорія
Triângulo	Трикутник
Vertical	Вертикальні

Governo
Уряду

Cidadania	Громадянство
Civil	Цивільний
Constituição	Конституція
Democracia	Демократія
Discurso	Мовлення
Discussão	Обговорення
Distrito	Район
Estado	Стан
Igualdade	Рівність
Independência	Незалежність
Judicial	Судової
Lei	Закон
Liberdade	Свобода
Líder	Лідер
Monumento	Пам'Ятник
Nacional	Національний
Nação	Нація
Pacífico	Мирно
Política	Політика
Símbolo	Символ

Herbalismo
Травотравизм

Açafrão	Шафран
Alecrim	Розмарин
Alho	Часник
Aromático	Ароматичний
Benéfico	Вигідний
Coentro	Коріандр
Estragão	Естрагон
Flor	Квітка
Funcho	Фенхель
Ingrediente	Інгредієнт
Jardim	Сад
Lavanda	Лаванда
Manjericão	Василь
Manjerona	Майоран
Planta	Рослина
Qualidade	Якість
Sabor	Аромат
Salsa	Петрушка
Tomilho	Чебрець
Verde	Зелений

Imigração
Імміграції

Administração	Адміністрація
Adultos	Дорослі
Ajuda	Допомога
Aprovação	Затвердження
Comunicação	Зв'Язки
Crianças	Діти
Documentos	Документи
Estresse	Стрес
Financiamento	Фінансування
Habitação	Житло
Lei	Закон
Língua	Мова
Negociação	Переговори
Oficial	Офіцер
Prazo	Термін
Processo	Процес
Proteção	Захист
Situação	Ситуація
Solução	Рішення

Instrumentos Musicais
Музичні Інструменти

Bandolim	Мандоліна
Banjo	Банджо
Baquetas	Гомілки
Clarinete	Кларнет
Fagote	Фагот
Flauta	Флейта
Gaita	Гармоніка
Gongo	Гонг
Harpa	Арфа
Oboé	Гобой
Pandeiro	Бубон
Percussão	Удар
Piano	Фортепіано
Saxofone	Саксофон
Tambor	Барабан
Trombone	Тромбон
Trompete	Труба
Violão	Гітара
Violino	Скрипка
Violoncelo	Віолончель

Jardim
Сад

Ancinho	Граблі
Arbusto	Кущ
Árvore	Дерево
Banco	Лава
Cerca	Паркан
Flor	Квітка
Garagem	Гараж
Grama	Трава
Gramado	Газон
Jardim	Сад
Lagoa	Ставок
Maca	Гамак
Mangueira	Шланг
Pá	Лопата
Pomar	Фруктовий Сад
Solo	Ґрунт
Terraço	Тераса
Trampolim	Батут
Varanda	Ганок
Videira	Лоза

Jardinagem
Садівництво

Água	Вода
Botânico	Ботанічний
Buquê	Букет
Clima	Клімат
Comestível	Їстівний
Composto	Компост
Espécies	Вид
Exótico	Екзотичні
Flor	Цвіт
Floral	Квіткові
Folha	Лист
Folhagem	Листя
Mangueira	Шланг
Pomar	Фруктовий Сад
Recipiente	Контейнер
Sazonal	Сезонний
Sementes	Насіння
Solo	Ґрунт
Sujeira	Бруд
Umidade	Вологі

Jazz
Джаз

Artista	Художник
Álbum	Альбом
Bateria	Барабани
Canção	Пісня
Composição	Склад
Compositor	Композитор
Concerto	Концерт
Estilo	Стиль
Ênfase	Акцент
Famoso	Відомий
Favoritos	Обраний
Gênero	Жанр
Improvisação	Імпровізація
Música	Музика
Novo	Новий
Orquestra	Оркестр
Ritmo	Ритм
Talento	Талант
Técnica	Техніка
Velho	Старий

Literatura
Література

Analogia	Аналогія
Análise	Аналіз
Anedota	Анекдот
Autor	Автор
Biografia	Біографія
Comparação	Порівняння
Conclusão	Висновок
Descrição	Опис
Diálogo	Діалог
Estilo	Стиль
Ficção	Вигадка
Metáfora	Метафора
Narrador	Оповідач
Opinião	Думка
Poema	Вірш
Rima	Рима
Ritmo	Ритм
Romance	Роман
Tema	Тема
Tragédia	Трагедія

Livros
Книги

Autor	Автор
Aventura	Пригода
Coleção	Колекція
Contexto	Контекст
Dualidade	Подвійність
Escrito	Написана
Épico	Епопеї
História	Історія
Histórico	Історичний
Leitor	Читач
Literário	Літературний
Narrador	Оповідач
Página	Сторінка
Personagem	Характер
Poema	Вірш
Poesia	Поезія
Relevante	Відповідні
Romance	Роман
Série	Серія
Trágico	Трагічний

Mamíferos
Ссавці

Baleia	Кит
Camelo	Верблюд
Canguru	Кенгуру
Castor	Бобер
Cavalo	Кінь
Cão	Пес
Coelho	Кролик
Coiote	Койот
Elefante	Слон
Gato	Кішка
Girafa	Жираф
Golfinho	Дельфін
Gorila	Горила
Leão	Лев
Lobo	Вовк
Macaco	Мавпа
Ovelha	Вівця
Raposa	Лисиця
Touro	Бик
Zebra	Зебра

Matemática
Математика

Aritmética	Арифметика
Ângulos	Кути
Circunferência	Округ
Decimal	Десятковий
Diâmetro	Діаметр
Equação	Рівняння
Esfera	Сфера
Expoente	Показник
Geometria	Геометрія
Paralelo	Паралельний
Paralelogramo	Паралелограм
Perímetro	Периметр
Polígono	Багатокутник
Quadrado	Площа
Raio	Радіус
Retângulo	Прямокутник
Simetria	Симетрія
Soma	Сума
Triângulo	Трикутник
Volume	Обсяг

Material de Arte
Художні Товари

Acrílico	Акриловий
Apagador	Гумка
Aquarelas	Акварелі
Argila	Глина
Água	Вода
Cadeira	Крісло
Cavalete	Мольберт
Câmera	Камера
Cola	Клей
Cores	Кольори
Criatividade	Творчість
Escovas	Щітка
Lápis	Олівці
Mesa	Таблиця
Óleo	Олія
Papel	Папір
Pastels	Пастелі
Tinta	Чорнило
Tintas	Фарби

Medições
Вимірювання

Altura	Висота
Byte	Байт
Centímetro	Сантиметр
Comprimento	Довжина
Decimal	Десятковий
Grama	Грам
Grau	Ступінь
Largura	Ширина
Litro	Літр
Massa	Маса
Metro	Метр
Minuto	Хвилина
Onça	Унція
Peso	Вага
Polegada	Дюйм
Profundidade	Глибина
Quilograma	Кілограм
Quilômetro	Кілометр
Tonelada	Тонна
Volume	Обсяг

Meditação
Медитація

Aceitação	Прийняття
Acordado	Прокинутися
Atenção	Увага
Bondade	Доброта
Clareza	Ясність
Compaixão	Співчуття
Emoções	Емоції
Ensinamentos	Вчення
Gratidão	Подяка
Mental	Розумовий
Mente	Розум
Movimento	Рух
Música	Музика
Natureza	Природа
Observação	Спостереження
Paz	Мир
Pensamentos	Думки
Perspectiva	Перспектива
Postura	Постава
Silêncio	Тиша

Mitologia
Міфологія

Arquétipo	Архетип
Ciúmes	Ревнощі
Comportamento	Поведінка
Criação	Створення
Criatura	Істота
Cultura	Культура
Desastre	Лихо
Força	Сила
Guerreiro	Воїн
Heroína	Героїня
Herói	Герой
Imortalidade	Безсмертя
Labirinto	Лабіринт
Lenda	Легенда
Mágico	Чарівний
Monstro	Монстр
Mortal	Смертний
Relâmpago	Блискавка
Trovão	Грім
Vingança	Помста

Moda
Мода

Bordado	Вишивка
Botões	Кнопки
Boutique	Бутик
Caro	Дорого
Confortável	Комфортно
Elegante	Елегантний
Estilo	Стиль
Medidas	Вимірювання
Moderno	Сучасний
Modesto	Скромний
Original	Оригінал
Prático	Практичний
Renda	Мереживо
Roupa	Одяг
Simples	Простий
Tecido	Тканина
Tendência	Тенденція
Textura	Текстура

Música
Музика

Álbum	Альбом
Balada	Балада
Cantar	Співати
Cantor	Співак
Clássico	Класичний
Coro	Хор
Gravação	Запис
Harmonia	Гармонія
Improvisar	Імпровізувати
Instrumento	Інструмент
Lírico	Ліричний
Melodia	Мелодія
Microfone	Мікрофон
Musical	Музичний
Músico	Музикант
Ópera	Опера
Poético	Поетичний
Ritmo	Ритм
Tempo	Темп
Vocal	Вокальний

Natureza
Природа

Abelhas	Бджіл
Abrigo	Притулок
Animais	Тварин
Ártico	Арктичний
Beleza	Краса
Deserto	Пустеля
Dinâmico	Динамічний
Erosão	Ерозія
Floresta	Ліс
Folhagem	Листя
Geleira	Льодовик
Montanhas	Гори
Nevoeiro	Туман
Nuvens	Хмари
Pacífico	Мирно
Rio	Річка
Santuário	Святилище
Selvagem	Дикий
Sereno	Безтурботний
Tropical	Тропічний

Negócios
Бізнес

Carreira	Кар'Єр
Custo	Вартість
Desconto	Знижка
Dinheiro	Гроші
Economia	Економіка
Empregado	Працівник
Empregador	Роботодавець
Empresa	Компанія
Escritório	Офіс
Fábrica	Фабрика
Finança	Фінанси
Impostos	Податки
Investimento	Інвестиції
Loja	Магазин
Lucro	Прибуток
Mercadoria	Товар
Moeda	Валюта
Orçamento	Бюджет
Rendimento	Дохід
Venda	Продаж

Nutrição
Харчування

Amargo	Гіркий
Apetite	Апетит
Calorias	Калорій
Carboidratos	Вуглеводів
Comestível	Їстівний
Dieta	Дієта
Digestão	Травлення
Equilibrado	Збалансований
Fermentação	Бродіння
Líquidos	Рідини
Molho	Соус
Nutriente	Поживний
Peso	Вага
Proteínas	Білки
Qualidade	Якість
Sabor	Аромат
Saudável	Здоровий
Saúde	Здоров'Я
Toxina	Токсин
Vitamina	Вітамін

Números
Числа

Cinco	П'Ять
Decimal	Десятковий
Dez	Десять
Dezesseis	Шістнадцять
Dezessete	Сімнадцять
Dezoito	Вісімнадцять
Dois	Два
Doze	Дванадцять
Nove	Дев'Ять
Oito	Вісім
Quatorze	Чотирнадцять
Quatro	Чотири
Quinze	П'Ятнадцять
Seis	Шість
Sete	Сім
Treze	Тринадцять
Três	Три
Um	Один
Vinte	Двадцять
Zero	Нуль

Oceano
Океан

Alga	Водоростей
Atum	Тунець
Baleia	Кит
Barco	Човен
Camarão	Креветки
Caranguejo	Краб
Coral	Кораловий
Enguia	Вугор
Esponja	Губка
Golfinho	Дельфін
Marés	Припливи
Medusa	Медуза
Ostra	Устриця
Peixe	Риба
Polvo	Восьминіг
Recife	Риф
Sal	Сіль
Tartaruga	Черепаха
Tempestade	Буря
Tubarão	Акула

Paisagens
Пейзажі

Cascata	Водоспад
Caverna	Печера
Colina	Пагорб
Deserto	Пустеля
Geleira	Льодовик
Golfo	Затока
Iceberg	Айсберг
Ilha	Острів
Lago	Озеро
Mar	Море
Montanha	Гора
Oásis	Оазис
Oceano	Океан
Pântano	Болото
Península	Півострів
Praia	Пляж
Rio	Річка
Tundra	Тундра
Vale	Долина
Vulcão	Вулкан

Países #1
Країни #1

Alemanha	Німеччина
Brasil	Бразилія
Camboja	Камбоджа
Canadá	Канада
Egito	Єгипет
Equador	Еквадор
Espanha	Іспанія
Finlândia	Фінляндія
Iraque	Ірак
Israel	Ізраїль
Itália	Італія
Índia	Індія
Mali	Малі
Marrocos	Марокко
Nicarágua	Нікарагуа
Noruega	Норвегія
Panamá	Панама
Polônia	Польща
Senegal	Сенегал
Venezuela	Венесуела

Países #2
Країни #2

Albânia	Албанія
Dinamarca	Данія
França	Франція
Grécia	Греція
Haiti	Гаїті
Indonésia	Індонезія
Irlanda	Ірландія
Jamaica	Ямайка
Japão	Японія
Laos	Лаос
Líbano	Ліван
México	Мексика
Nepal	Непал
Nigéria	Нігерія
Paquistão	Пакистан
Rússia	Росія
Síria	Сирія
Somália	Сомалі
Ucrânia	Україна
Uganda	Уганда

Pássaros
Птахи

Avestruz	Страус
Águia	Орел
Cegonha	Лелека
Cisne	Лебідка
Corvo	Ворона
Cuco	Зозуля
Flamingo	Фламінго
Frango	Курка
Gaivota	Чайка
Ganso	Гуска
Garça	Чапля
Ovo	Яйце
Papagaio	Папуга
Pardal	Горобець
Pato	Качка
Pavão	Павич
Pelicano	Пелікан
Pinguim	Пінгвін
Pombo	Голуб
Tucano	Тукан

Pesca
Риболовля

Água	Вода
Barco	Човен
Brânquias	Зябра
Cesta	Кошик
Cozinhar	Кухар
Equipamento	Обладнання
Exagero	Перебільшення
Fio	Дріт
Gancho	Гак
Isca	Принада
Lago	Озеро
Mandíbula	Щелепа
Oceano	Океан
Paciência	Терпіння
Peso	Вага
Praia	Пляж
Rio	Річка
Temporada	Сезон

Plantas
Рослини

Arbusto	Кущ
Árvore	Дерево
Baga	Ягода
Bambu	Бамбук
Botânica	Ботаніка
Cacto	Кактус
Erva	Трав
Feijão	Квасоля
Fertilizante	Добриво
Flor	Квітка
Flora	Флора
Floresta	Ліс
Folhagem	Листя
Grama	Трава
Hera	Плющ
Jardim	Сад
Musgo	Мох
Pétala	Пелюстка
Raiz	Корінь
Vegetação	Рослинність

Política
Політика

Ativista	Активіст
Campanha	Кампанія
Candidato	Кандидат
Comitê	Комітет
Conselho	Рада
Escolha	Вибір
Estratégia	Стратегія
Ética	Етика
Governo	Уряд
Igualdade	Рівність
Impostos	Податки
Liberdade	Свобода
Nacional	Національний
Opinião	Думка
Política	Політика
Político	Політик
Popularidade	Популярність
Vitória	Перемога

Profissões #1
Професії #1

Advogado	Адвокат
Artista	Художник
Astrônomo	Астроном
Banqueiro	Банкір
Bombeiro	Пожежник
Caçador	Мисливець
Cartógrafo	Картограф
Cientista	Вчений
Dançarino	Танцюрист
Editor	Редактор
Embaixador	Посол
Encanador	Сантехнік
Enfermeira	Медсестра
Geólogo	Геолог
Joalheiro	Ювелір
Marinheiro	Моряк
Músico	Музикант
Pianista	Піаніст
Psicólogo	Психолог
Veterinário	Ветеринар

Profissões #2
Професії #2

Agricultor	Фермер
Astronauta	Астронавт
Bibliotecário	Бібліотекар
Biólogo	Біолог
Cirurgião	Хірург
Dentista	Стоматолог
Engenheiro	Інженер
Filósofo	Філософ
Fotógrafo	Фотограф
Ilustrador	Ілюстратор
Inventor	Винахідник
Investigador	Дослідник
Jardineiro	Садівник
Jornalista	Журналіст
Linguista	Лінгвіст
Médico	Лікар
Piloto	Пілот
Pintor	Художник
Professor	Вчитель
Zoólogo	Зоолог

Psicologia
Психологія

Avaliação	Оцінка
Clínico	Клінічний
Comportamento	Поведінка
Compromisso	Призначення
Conflito	Конфлікт
Ego	Его
Emoções	Емоції
Experiências	Досвід
Inconsciente	Несвідомий
Infância	Дитинство
Influências	Вплив
Pensamentos	Думки
Percepção	Сприйняття
Personalidade	Особистості
Problema	Проблема
Realidade	Реальність
Sensação	Відчуття
Sonhos	Мрії
Subconsciente	Підсвідомості
Terapia	Терапія

Química
Хімія

Alcalino	Лужний
Ácido	Кислота
Calor	Тепло
Carbono	Вуглець
Catalisador	Каталізатор
Cloro	Хлор
Elementos	Елементи
Elétron	Електрон
Enzima	Фермент
Gás	Газ
Hidrogênio	Водень
Íon	Іон
Líquido	Рідина
Molécula	Молекула
Nuclear	Ядерний
Orgânico	Органічний
Oxigénio	Кисень
Peso	Вага
Sal	Сіль
Temperatura	Температура

Restaurante # 2
Ресторан #2

Almoço	Обід
Aperitivo	Закуска
Água	Вода
Bebida	Напій
Bolo	Торт
Cadeira	Крісло
Colher	Ложка
Delicioso	Смачний
Especiarias	Спеції
Fruta	Фрукт
Garçom	Офіціант
Garfo	Вилка
Gelo	Лід
Jantar	Вечеря
Legumes	Овочі
Macarrão	Локшина
Peixe	Риба
Sal	Сіль
Salada	Салат
Sopa	Суп

Roupas
Одяг

Avental	Фартух
Blusa	Блузка
Calça	Штани
Camisa	Сорочка
Casaco	Пальто
Chapéu	Капелюх
Cinto	Пояс
Colar	Намисто
Jaqueta	Куртка
Jeans	Джинси
Luvas	Рукавички
Meias	Шкарпетки
Moda	Мода
Pijama	Піжама
Pulseira	Браслет
Saia	Спідниця
Sandálias	Сандалі
Sapato	Взуття
Suéter	Светр
Vestido	Плаття

Saúde e Bem-Estar #1
Оздоровчий та Оздоровчий

Altura	Висота
Ativo	Активний
Bactérias	Бактерії
Clínica	Клініка
Doutor	Лікар
Farmácia	Аптека
Fome	Голод
Fratura	Перелом
Hábito	Звичка
Hormones	Гормони
Medicina	Медицина
Nervos	Нерви
Ossos	Кістки
Pele	Шкіра
Postura	Постава
Reflexo	Рефлекс
Relaxamento	Розслаблення
Terapia	Терапія
Tratamento	Лікування
Vírus	Вірус

Saúde e Bem-Estar #2
Оздоровчий та Оздоровчий

Alergia	Алергія
Anatomia	Анатомія
Apetite	Апетит
Caloria	Калорія
Corpo	Тіло
Dieta	Дієта
Digestão	Травлення
Doença	Хвороба
Energia	Енергія
Genética	Генетика
Higiene	Гігієна
Hospital	Лікарня
Humor	Настрій
Infecção	Інфекція
Massagem	Масаж
Peso	Вага
Recuperação	Відновлення
Sangue	Кров
Saudável	Здоровий
Vitamina	Вітамін

Tempo
Час

Agora	Зараз
Ano	Рік
Antes	До
Anual	Щорічний
Calendário	Календар
Década	Десятиліття
Dia	День
Futuro	Майбутнє
Hoje	Сьогодні
Hora	Година
Manhã	Ранок
Meio-Dia	Полудень
Mês	Місяць
Minuto	Хвилина
Momento	Момент
Noite	Ніч
Ontem	Вчора
Relógio	Годинник
Semana	Тиждень
Século	Століття

Tipos de Cabelo
Типи Волосся

Branco	Білий
Brilhante	Блискучий
Cachos	Кучер
Careca	Лисий
Cinza	Сірий
Curto	Короткий
Encaracolado	Кучерявий
Fino	Тонкий
Grosso	Товстий
Loiro	Блондин
Longo	Довгий
Marrom	Коричневий
Ondulado	Хвилястий
Prata	Срібло
Preto	Чорний
Saudável	Здоровий
Seco	Сухий
Suave	М'Який
Trançado	Плетений
Tranças	Коси

Universo
Всесвіт

Asteróide	Астероїд
Astronomia	Астрономія
Astrônomo	Астроном
Atmosfera	Атмосфера
Celestial	Небесний
Céu	Небо
Cósmico	Космічний
Equador	Екватор
Galáxia	Галактика
Hemisfério	Півкуля
Horizonte	Горизонт
Latitude	Широта
Longitude	Довгота
Lua	Місяць
Órbita	Орбіта
Solar	Сонячний
Solstício	Сонцестояння
Telescópio	Телескоп
Visível	Видимий
Zodíaco	Зодіак

Vegetais
Овочі

Abóbora	Гарбуз
Aipo	Селера
Alcachofra	Артишок
Alho	Часник
Batata	Картопля
Beringela	Баклажан
Brócolis	Броколі
Cebola	Цибуля
Cenoura	Морква
Chalota	Шалот
Cogumelo	Гриб
Ervilha	Горох
Espinafre	Шпинат
Gengibre	Імбир
Nabo	Ріпа
Pepino	Огірок
Rabanete	Редис
Salada	Салат
Salsa	Петрушка
Tomate	Помідор

Veículos
Автомобілі

Avião	Літак
Balsa	Пором
Barco	Човен
Bicicleta	Велосипед
Caminhão	Вантажівка
Caravana	Караван
Carro	Автомобіль
Foguete	Ракета
Furgão	Фургон
Helicóptero	Вертоліт
Jangada	Пліт
Lambreta	Скутер
Metrô	Метро
Motor	Двигун
Ônibus	Автобус
Pneus	Шини
Táxi	Таксі
Transporte	Човник
Trator	Трактор

Parabéns

Conseguiu!

Esperamos que tenha gostado tanto deste livro como nós gostamos de o desenhar. Esforçamo-nos por criar livros da mais alta qualidade possível.
Esta edição foi concebida para proporcionar uma aprendizagem inteligente, de qualidade e divertida!

Gostou deste livro?

Um simples pedido

Estes livros existem graças às críticas que publica.
Pode ajudar-nos, deixando agora uma revisão?

Aqui está um pequeno link para
a sua página de revisão:

BestBooksActivity.com/Avaliacoes50

DESAFIO FINAL!

Desafio n° 1

Está pronto para o seu jogo grátis? Usamo-los a toda a hora, mas não são tão fáceis de encontrar - aqui estão os **Sinônimos!**
Escreva 5 palavras que encontrou nos puzzles (n° 21, n° 36, n° 76) e tente encontrar 2 sinónimos para cada palavra.

Escreva 5 palavras de ***Puzzle 21***

Palavras	Sinônimo 1	Sinônimo 2

Escreva 5 palavras de ***Puzzle 36***

Palavras	Sinônimo 1	Sinônimo 2

Escreva 5 palavras de ***Puzzle 76***

Palavras	Sinônimo 1	Sinônimo 2

Desafio n° 2

Agora que já aqueceu, escreva 5 palavras que encontrou nos Puzzles (n° 9, n° 17 e n° 25) e tente encontrar 2 antônimos para cada palavra. Quantos se podem encontrar em 20 minutos?

*Escreva 5 palavras de **Puzzle 9***

Palavras	Antônimo 1	Antônimo 2

*Escreva 5 palavras de **Puzzle 17***

Palavras	Antônimo 1	Antônimo 2

*Escreva 5 palavras de **Puzzle 25***

Palavras	Antônimo 1	Antônimo 2

Desafio n° 3

Óptimo! Este desafio final  não é nada para si.

Pronto para o desafio final? Escolha 10 palavras que tenha descoberto nos diferentes puzzles e escreva-as abaixo.

1.	6.
2.	7.
3.	8.
4.	9.
5.	10.

Agora escreva um texto a pensar numa pessoa, num animal ou num lugar de seu agrado.

Pode utilizar a última página deste livro como um rascunho.

A Sua Composição:

CADERNO DE NOTAS:

ATÉ BREVE!

A equipa Inteira

www.ingramcontent.com/pod-product-compliance
Lightning Source LLC
Chambersburg PA
CBHW082040120626
46553CB00011B/3235